EGS-TEXTE

EGS-Texte
Erziehung • Gesellschaft • Schule
herausgegeben von Wilhelm H. Peterßen

Georg Lind

Moral ist lehrbar

Handbuch zur Theorie und Praxis
moralischer und demokratischer Bildung

2., überarbeitete und aktualisierte Auflage

Oldenbourg

Bibliografische Information der Deutschen Nationalbibliothek
Die Deutsche Nationalbibliothek verzeichnet diese Publikation in der Deutschen Nationalbibliografie; detaillierte bibliografische Daten sind im Internet über <http://dnb.d-nb.de> abrufbar.

Das Papier ist aus chlorfrei gebleichtem Zellstoff hergestellt, ist säurefrei und recyclingfähig.

2., überarbeitete und aktualisierte Auflage 2009
Druck 12 11 10 09
Die letzte Zahl bezeichnet das Jahr des Drucks.

Umschlagkonzept: Mendell & Oberer, München
Umschlaggestaltung: Gorbach GmbH, Buchendorf
Lektorat: Alexandra v. Livonius, Neuendettelsau
Herstellung: Arite Wald
Satz und Litho: Manuela Treindl, Laaber
Druck und Bindung: Tutte Druckerei GmbH, Salzweg/Passau

ISBN 978-3-637-00866-3

»Handle so, dass du die Menschheit sowohl in deiner Person als in der Person eines jeden anderen jederzeit zugleich als Zweck, niemals bloß als Mittel brauchst.«

(Immanuel Kant)

»Die Frage, ob Moral und damit Sittlichkeit erlernt werden kann, ist eine der ältesten und zugleich auch wichtigsten philosophischen Fragen.

Das Selbstverständnis unserer freiheitlichen, demokratischen Gesellschaftsordnung hängt entscheidend von ihrer Beantwortung ab.

Wird diese Frage bejaht, so stellt sich automatisch die weitere Schlüsselfrage, auf welche Art und Weise und mit welchem Erfolg moralische Urteilsfähigkeit entwickelt und gelernt werden kann.«

(Bundespräsident Johannes Rau)

Inhalt

Vorwort des Herausgebers

Ist der Mensch von Natur aus gut oder böse, oder wird er erst gut oder böse durch die Gesellschaft? Unabhängig von dieser alle Moralphilosophen seit Anbeginn interessierenden Frage haben die Pädagogen in oft unüberbietbarem Optimismus stets versucht, Wege für die moralische Erziehung zu finden und sie den Erziehenden zur Verfügung zu stellen. Dass Moral ihre legitime Angelegenheit sei, begründen Pädagogen mit der anthropologischen Doppelthese – der Mensch sei ein zugleich erziehungsbedürftiges und erziehungsfähiges Wesen, also sei er auch für seine Moral auf Erziehung angewiesen und durchaus auch moralisch erziehbar.

In der Geschichte der Pädagogik gibt es wohl kaum eine so grundlegende und optimistische wie durchdachte Vorstellung über die moralische Erziehung des Menschen wie jene, die JOHANN FRIEDRICH HERBART (1776–1841) seinerzeit entwickelte. Sie nahm sogar ihren Ausgang ausdrücklich vom Erziehungsziel ›Charakterstärke der Sittlichkeit‹, was für HERBART soviel bedeutete, wie *das Gute zu wollen und das Böse zu verabscheuen*. Einen derartig moralischen Zustand hielt er durch Erziehung für alle Menschen für erreichbar und hierfür konzipierte er ein kompliziertes System pädagogischer Eingriffe in das Leben Heranwachsender.

Ein Weg von vergleichbarer Bedeutung für pädagogisches Denken und Handeln findet sich m. E. erst in der Gegenwart in der Konzeption von LAWRENCE KOHLBERG wieder, auf der GEORG LIND seine konstruktiven Überlegungen aufbaut. KOHLBERG hält die Erziehung zu moralischem Verhalten durch kognitiv-intellektuelles Lernen für durchaus möglich. Allerdings wendet sich sein Konzept nicht unmittelbar an das moralische Verhalten von Heranwachsenden, sondern an das allem Ausdrucksverhalten essenziell vorhergehende Denken, an die *moralische Urteilsfähigkeit*. Moralische Urteilsfähigkeit gehört zu der besonderen Fähigkeit des Menschen, sein Leben intentional gestalten zu können. Statt blind – in bloßen Reaktionen auf Außenreize oder aus innerer Getriebenheit – zu agieren, sind Menschen fähig, vor allem ausdrücklichem realen Handeln dieses zunächst in Gedanken vorwegnehmen und ein begründetes Handlungsschema entwickeln zu können. Solche antizipierenden Handlungsschemata müssen im gesellschaftlichen Zusammenleben auch moralisch verantwortbar sein, bevor sie aktualisiert werden dürfen. Und hierfür ist eben die besondere moralische Urteilsfähigkeit erforderlich, als jene Fähigkeit, moralisch Verantwortbares – das annähernd Gute – identifizieren und von dem Unverantwortbaren unterscheiden zu können. Dementsprechend richten sich die Bemühungen KOHLBERGS auf diese Identifizierungs- und Unterscheidungsfähigkeit von Heranwachsenden.

Zwei didaktische Vorschläge hat KOHLBERG unterbreitet – die *Dilemma-Diskussion,* bei der Heranwachsende in kognitiv-moralische Konflikte gestürzt und zu Entscheidungen aufgerufen werden, und die *Just-Community*, die Heranwachsenden relativ lebensechtes Gemeinschaftsleben ermöglicht und durch dieses in moralische Entscheidungszwänge hineinführt. GEORG LIND hat nicht nur einen Moralischen Urteil Test (MUT) entwickelt, mit dem moralische Urteilsfähigkeit nachgewiesen und gemessen werden kann – für die unerlässliche Lerndiagnose in Schule und Unterricht unverzichtbar –; er hat auch für beide didaktische Ansätze, besonders für die Dilemma-Diskussion, in weltweiten Erprobungen Hilfen für die Alltagsarbeit von Lehrern in Schule und Unterricht zusammengestellt.

Moral ist lehrbar – zumindest, was ihre intellektuellen Voraussetzungen betrifft! Dies ist die Botschaft des Buches. Wer an der moralischen Erziehung seiner Schüler interessiert ist, findet bei LIND die Rechtfertigung des kognitiven Weges nach dem KOHLBERGschen Konzept verständlich und überzeugend dargestellt und zugleich praktikable Anleitungen zum Umgang mit diesem Konzept für seine Arbeit in Schule und Unterricht. Wer an der Ausbildung von Lehrern – und Erziehern aller Art – zum Umgang mit diesem Konzept interessiert ist, findet entsprechende hochschul- und seminardidaktische Hinweise.

Wilhelm H. Peterßen Weingarten, im Juli 2002

Danksagung

Die Erkenntnisse des vorliegenden Buches sind in vielen Workshops und Pädagogischen Tagen sowie durch viele wissenschaftliche Evaluationsstudien erprobt, bestätigt und ausgebaut worden. Den Schülern, Studierenden, Lehrern und Hochschullehrern, die hieran teilgenommen haben und von denen ich auch viele Anregungen erhalten habe, möchte ich ganz herzlich danken. Namentlich danken möchte ich – posthum – drei sehr geschätzten Kollegen und Freunden: *Lawrence Kohlberg*, *Gerhard Portele* und *Roland Wakenhut*. Ihnen möchte ich dieses Buch auch widmen.

Großen Anteil an der Entwicklung der Konzepte, Ideen und Materialien, die ich hier präsentiere, hatten auch Fritz Oser, Ann Higgins und Günter Schreiner, die mich in das Thema moralische Bildung in der Demokratie eingeführt haben.

Schließlich möchte ich Patricia Knoop für die redaktionelle Bearbeitung und Bernd Kietzig für viele Anregungen danken.

Konstanz, Juni 2002 Georg Lind

1 Einleitung

1.1 Moral, Bildung und Demokratie

In einer Demokratie, in der Menschen miteinander kooperieren müssen, ohne dass ein König oder eine politische Führungsschicht sie dazu zwingt, muss die Funktion der Macht von moralischen Prinzipien – wie Gerechtigkeit, Gewaltfreiheit, Vernünftigkeit u. Ä. – übernommen werden. Dass diese Prinzipien sehr wichtig für Frieden und Kooperation zwischen Menschen sind, zeigen die berühmten sozialpsychologischen Experimente mit Schülergruppen von Kurt Lewin und seinen Kollegen, in denen sie die Auswirkungen verschiedener Führungsstile untersuchten. Es zeigte sich, dass in ›laissez-faire‹-Gruppen, die völlig führungs- und regelfrei waren, keine Kooperation, aber ein hohes Maß an Aggression entstand. Demokratisch organisierte Gruppen hingegen entwickeln die Voraussetzungen für eine vernünftige Zusammenarbeit.

Moral und Demokratie sind noch nicht in der Bildung angekommen, solange wir dort nichts damit anzufangen wissen. Bildung ist noch nicht in der Demokratie angekommen, solange sie Fach- und Moralunterricht strikt trennt und sich einseitig der Förderung von Techniken und Technologien widmet. Moralische Fähigkeiten gehören ebenso wie fachliche Kompetenzen zu den erklärten Zielen unserer Schulen und Hochschulen. Trotzdem werden moralische Fähigkeiten weniger stark gefördert, und wenn, dann wird die Lehre mit weniger Mitteln ausgestattet und oft wird mit Methoden gearbeitet, die wenig bewirken oder sogar im »performativen Widerspruch« (K.-O. APEL) zu sich selbst stehen.

Dabei sind uns die Gefahren einer einseitigen Vermittlung von bestimmten fachlichen Fertigkeiten im naturwissenschaftlichen, sprachlichen und sozialen Bereich durchaus bewusst. Jedes Wissen und jedes Können eröffnet neue Möglichkeiten, aber auch neue Risiken. Als Einzelnem eröffnen sie uns neue berufliche und soziale Möglichkeiten: Karriere, Geld, Ansehen und auch Macht. Als Gesellschaft eröffnen sie uns mehr Wohlstand, mehr Einfluss in der Welt. Aber damit gehen auch mehr Möglichkeiten des Missbrauchs einher, die die soziale Gerechtigkeit, Demokratie und das friedliche Zusammenleben in der Welt bedrohen. Wenn wir nicht gleichzeitig lernen, wie wir diese Anforderungen bewältigen und die daraus resultierenden moralischen Probleme lösen können, wird uns der technische Fortschritt moralisch immer mehr überfordern.

Neue Technologien auf den Gebieten der Molekularbiologie, der Informations- und Kommunikationstechnik und des Finanzwesens haben zahlreiche neue Berufe, ungeahnte Möglichkeiten der Heilung furchtbarer Krankheiten, der Überwindung von Informationsbarrieren und des Welthandels geschaffen, aber auch neue Anforderungen, denen viele Menschen (noch) nicht gewachsen sind. Viele erliegen der Versuchung des Machtmissbrauchs: Atombomben, Milzbranderreger, Computerviren, Insidergeschäfte, Organdiebstahl und Lauschangriffe würde es ohne technischen Fortschritt nicht geben.

Diese Gefahren des technischen Fortschritts lassen sich nicht bannen, indem man ihn verbietet oder zurückzuschrauben versucht. Das wäre nicht nur aussichtslos, sondern auch gar nicht wünschenswert. Er trägt zu Hoffnung und Lebensfreude der meisten Menschen bei. Nur wenige Menschen wollen und können sich seiner Faszination entziehen. Aber, so scheint es, der technische Fortschritt lässt sich verantwortungsvoller und weniger schädlich für den Einzelnen und für das soziale Zusammenleben gestalten, wenn wir ihn weniger einseitig und weniger monomanisch organisieren; d. h. konkret, wenn wir ebenso viel Fürsorge, Geld und Zeit in den Fortschritt von Moral und Demokratie investieren wie in die Integration von Fach- und Moralkompetenzen, von Erkenntnis- und Gefühlsleistungen.

1.2 Moralische Dilemmas im Alltag

Was ist Moral und wo können und wo sollten Erziehung und Bildung ansetzen, um Moral zu fördern? Eine Antwort auf diese Fragen ist nicht einfach. Seit mindestens zwei Tausend Jahren wird versucht, hierauf eine Antwort zu geben. Erste Dokumente berichten von Sokrates, der mit der Frage, ob Moral lehrbar sei, gleichzeitig die Frage verband, was denn Moral sei. Ist sie eine ›Tugend‹ im Sinne einer Fähigkeit oder nur eine Werthaltung? Problemfälle aus dem Alltag sollen helfen, uns einer Antwort näher zu bringen.

Was moralische Fähigkeiten sind und wofür wir sie brauchen, zeigt sich am deutlichsten, wenn wir auf ein moralisches Dilemma stoßen, das heißt, wenn unsere moralischen Prinzipien oder Ideale miteinander in Konflikt geraten. Was ist dann zu tun? Was immer man macht – es scheint das Falsche zu sein! Hier sind einige solcher Dilemmas aus unterschiedlichen Erfahrungsbereichen:

- *Fall 1:* Susanne ist mit Uli, ihrer besten Freundin, in ein Warenhaus gegangen, um Einkäufe zu machen. Sie schauen sich verschiedene Kleider an. Da sieht Uli eine Bluse, die ihr sehr gefällt. Sie sagt zu Susanne, dass sie die Bluse anprobieren wolle. Inzwischen schaut sich Susanne andere Sachen an. Susanne sieht, wie Uli aus der Umkleidekabine herauskommt. Sie hat ihren Mantel an, winkt Susanne zu und zeigt kurz auf die Bluse unter ihrem Mantel. Dann dreht sie sich um und verlässt schnell das Geschäft. Wenig später kommen der Detektiv des Geschäfts und der Geschäftsleiter auf Susanne zu und wollen ihre Tasche sehen. Dann verlangt der Detektiv, dass sie sagt, wer das Mädchen war, mit dem sie die ganze Zeit zusammen gewesen ist. Er sagt: »Sie hat eine wertvolle Bluse gestohlen. Du musst uns den Namen nennen, sonst kannst Du wegen Mithilfe bei einer kriminellen Tat bestraft werden.« Susanne schwieg. War das richtig?

- *Fall 2:* Viele Personen sitzen in dem Wartezimmer eines psychologischen Labors, bis sie von dem Versuchsleiter aufgerufen werden, um an einem Lernexperiment teilzunehmen. Da öffnet sich die Tür zum Untersuchungsraum. Heraus kommt ein Mann, offenbar ein anderer Versuchsteilnehmer. Der sackt plötzlich zusammen und liegt regungslos vor ihnen. Jeder fragt sich: Was ist passiert? Hatte der Mann einen Anfall? Ist er tot? Was soll ich tun? Soll ich helfen? Oder soll das einer der anderen tun? Kann ich helfen? Was ist, wenn ich etwas falsch mache?

- *Fall 3:* Lara ist 16 und wohnt in einem armen, südamerikanischen Land. Sie hat keine Ausbildung und findet nirgends eine Anstellung. Die Aussichten sind gering, je eine zu bekommen, da es bereits viele Arbeitslose gibt. Auch ihre Eltern sind ohne Arbeit und ihre jüngeren Geschwister gehen noch zur Schule. Sie hört davon, dass ein großer Pharmakonzern Embryonen für neue gentechnische Heilungsmethoden benötigt und junge Frauen sucht, die sich für fünf Jahre verpflichten, sich einmal pro Jahr künstlich befruchten zu lassen und den Embryo der Firma zu geben. Das Geld, das Lara angeboten wurde, würde genügen, sich und ihre Familie zu ernähren und dazu noch eine Ausbildung als Lehrerin zu machen. Lara plagen Zweifel. Sie ist streng katholisch erzogen worden und eine Abtreibung würde ihr schwer fallen. Aber sie weiß nicht mehr, wovon sie in Zukunft leben soll. Daher beschließt sie, den Vertrag zu unterschreiben, den ihr die Ärztin angeboten hat. War Laras Entscheidung richtig?

- *Fall 4:* Der Geheimdienst eines Landes in Europa hat Beweise, dass eine terroristische Organisation einen Sprengstoffanschlag für den nächsten Tag plant. Dabei sollen viele hundert Menschen ums Leben kommen. Dem Geheimdienst gelingt es, eine Frau festzunehmen, die als eine Anführerin in dieser Organisation gilt. Man weiß, dass diese Frau an der Vorbereitung des geplanten Attentats beteiligt war. Man könnte das Attentat verhindern, wenn Sie sagen würde, was sie weiß. Die Frau wird lange verhört. Aber sie verweigert jede Aussage. Man muss befürchten, dass das Attentat jederzeit stattfindet. Deshalb beantragt der Geheimdienst, die Gefangene zu foltern, damit sie endlich sagt, was geplant ist. In dem Land ist Folter verboten. Der zuständige Richter, Herr Steinberg, entscheidet aber trotzdem, dass die Terroristin gefoltert werden darf, um das Attentat zu verhindern und Menschenleben zu retten. Hat Richter Steinberg richtig gehandelt?

(Weitere Fallbeispiele finden sich im Anhang als Grundlage für Dilemmadiskussionen im Unterricht.)

In allen vier Fällen geht es um *moralische* Konflikte oder besser *Dilemmas*. Wir sprechen von Konflikten, wenn Personen mit unterschiedlichen Interessen und Ansichten aufeinander treffen, die sich gegenseitig ausschließen. Aber in den oben geschilderten Fällen handelt es sich weniger um Konflikte zwischen Personen mit gegensätzlichen Interessen, sondern um das Aufeinandertreffen von moralischen Prinzipien, die die Handelnden vor schwierige Entscheidungen stellen: Egal wie man sich entscheidet, man wird ein moralisches Prinzip, das man selbst für wichtig hält, verletzen müssen. Wie soll man sich entscheiden, ohne gegen seine Prinzipien zu verstoßen? Nach welchen (übergeordneten) Prinzipien kann und soll man eine Entscheidung treffen? Dilemmas und Konflikte sind im Alltag oft nicht trennbar. Dilemmas sind häufig die Ursache von inter-personalen oder auch intra-personalen Konflikten, auch wenn das den Beteiligten nicht immer bewusst ist. Die Lösung solcher Dilemmas ist dann schon ein wichtiger Schritt auf dem Weg zu ihrer Beilegung.

In diesen Beispielfällen wird auch deutlich, dass es bei individuellem Fehlverhalten nicht immer einfach um die Frage von Moral oder Unmoral geht, sondern dass es oft um die Frage einer angemessenen und nachhaltigen Lösung von Problemen geht, die durch die Moral selbst aufgeworfen werden. Wenn es zu Konflikten zwischen moralischen Anforderungen mit ähnlichem Gewicht kommt, wird das Dilemma als besonders schwierig erlebt.

1.3 Moralische Fähigkeiten

Lange hat man geglaubt, Moral und Demokratie seien allein eine Frage der Einstellung und Werthaltung; es genüge, moralisch oder demokratisch sein zu wollen, um es zu sein. Heute wissen wir, dass das nicht stimmt. Ein reifes moralisch-demokratisches Verhalten hängt nicht nur von den moralischen Idealen und Vorsätzen einer Person ab, sondern auch oder vor allem von ihrer Fähigkeit, diese Ideale im Alltag konsistent und differenziert anzuwenden.

Seit Beginn des 19. Jahrhunderts haben moralpsychologische Studien vielfache Hinweise erbracht, dass Moral nicht bloß eine Frage der richtigen Einstellung oder Werthaltung, sondern vielmehr eine Frage der Fähigkeit ist. So fand der Berliner Gerichtspsychiater LEVY-SUHL (1912) heraus, dass straffällige Jugendliche diesselben moralischen Werte haben wie nichtstraffällige Jugendliche und es also andere Gründe für unmoralisches Verhalten geben müsse. Dieser frühe Befund wurde nachfolgend vielfach bestätigt. HARTSHORNE und MAY (1928) zeigten in einer breit angelegten Experimentalstudie, dass betrügerisches Verhalten kaum an bestimmte moralische Einstellungen gebunden ist und auch in keinem messbaren Zusammenhang mit moralischer Unterweisung im Religionsunterricht steht.

Wir wissen heute, dass das zentrale Problem der Heranwachsenden (wie auch vieler Erwachsener) vor allem ein Mangel an *Fähigkeit* ist, moralische

Werte und Prinzipien im Alltag richtig anzuwenden (KOHLBERG, 1987, 1995; LIND, 1994, 1998). Die Fähigkeit, moralische Dilemmas zu lösen, stellt daher in fast allen Lebensbereichen eine *Schlüsselqualifikation* dar, der eine ebenso hohe Bedeutung zukommen muss wie dem Lesen, Schreiben und Rechnen. Die Art, wie mit Dilemmas (und damit auch mit Problemen und Konflikten, die daraus resultieren) umgegangen wird, hat, wie jeder an sich selbst feststellen kann, eine enorme Bedeutung für unser Verhalten in allen Lebensbereichen: in Familie, in sozialen Beziehungen, in Schule und Beruf. Diese Fähigkeit ist, wie auch die moderne moralpsychologische Forschung zeigt, von großer Bedeutung für die Einhaltung von Regeln und Gesetzen, für das Hilfeverhalten gegenüber Mitmenschen, für den Einsatz für demokratische Grundrechte, für den Widerstand gegen angemaßte Autorität, für unsere Fähigkeit zu lernen und anderes mehr. Hierauf wird unten noch ausführlich eingegangen.

Moralische Fähigkeiten haben zwei Gesichter, ein individuelles und ein sozial-kommunikatives. Soweit wir allein die Fähigkeit des Einzelnen betrachten, ein moralisches Dilemma allein auf sich gestellt zu entscheiden, sprechen wir von moralischer *Urteilsfähigkeit*. In gewisser Weise ist der Begriff der individuellen Urteilsfähigkeit aber eine doppelte Abstraktion. Zum einen abstrahiert er von der Tatsache, dass das dafür benötigte Denken auf verinnerlichter Sprache und moralischen Kategorien beruht, die sozialen Ursprungs sind (WYGOTSKI, 1964; PIAGET 1973). Zum anderen abstrahiert der Begriff der individuellen Urteilsfähigkeit davon, dass direkt oder indirekt meist andere Menschen von unseren Urteilen betroffen sind und es die Moral gebietet, sich im realen Diskurs mit anderen der Qualität einer Dilemmalösung zu vergewissern (HABERMAS, 1981, 1983; APEL, 1990; OSER, 1986).

Wo wir von moralischer *Urteilsfähigkeit* sprechen, meinen wir daher immer eigentlich auch moralische *Diskursfähigkeit*. Bei moralischem Handeln im gesellschaftlichen Kontext kann es sich nicht nur um ein Nachdenken ›im stillen Kämmerlein‹ handeln, bei dem niemand zuschaut und das von niemandem – außer einem selbst – kritisch hinterfragt werden kann. Es muss auch die Fähigkeit umfassen, sich in der Auseinandersetzung mit anderen Personen und anderen Meinungen an moralischen Prinzipien zu orientieren. Nur wenn die moralische Fähigkeit auch die Fähigkeit umfasst, in schwierigen sozialen Konfliktsituationen Probleme vernunftgeleitet zu lösen, ist sie eine Alternative zur Gewalt- und Machtanwendung bei der ›Lösung‹ von Konflikten. In diesem Buch benutze ich beide als austauschbare Begriffe oder spreche manchmal einfach von moralischen Fähigkeiten.

1.4 Hohe Anforderungen an Bildungsinstitutionen

Es ist die erklärte Absicht und der Auftrag von Schule und Hochschule, ebenso wie von Eltern, Kindergärten und der Erwachsenenbildung, neben fachlichem

Wissen und Können immer auch moralische, soziale und emotionale Kompetenzen zu fördern. Sie wollen, so steht es in Gesetzen und Zielerklärungen, auf das Leben in der Gesellschaft ganz allgemein vorbereiten und nicht nur auf das Beherrschen bestimmter Technologien.

Gleichwohl spielen diese Absichten in unserem Bildungssystem nur eine marginale Rolle: Alle Bereiche – Unterricht und Studium, die Ausbildung von Lehrerinnen und Lehrern, die Lehrpläne und die Lehrbücher, nach denen unsere Kinder lernen, und die wissenschaftliche Forschung – konzentrieren sich fast ausschließlich auf die Schaffung und Vermittlung von Fachwissen, losgelöst von moralischen und emotionalen Fragen und Problemen, die hierdurch aufgeworfen werden. Sofern solche Fragen angeschnitten werden, werden sie isoliert in eigenen Fächern (Religion, Ethik, Literatur) behandelt und so weitgehend bedeutungslos für das alltägliche Handeln in Familie, Beruf und Gesellschaft. Moralische Appelle, religiöse Überzeugungen und emotionales Abreagieren, dienen so als Ersatz für den Erwerb einer wirklichen Handlungskompetenz, bei der Gefühl und Verstand eine Einheit bilden. Die Integration von fachlichem und moralischem Wissen kann der Lernende nicht allein leisten. Hierfür benötigt er die professionelle, kompetente Hilfe von Lehrern, Erziehern, Dozenten und soweit verfügbar von den Eltern.

Die meisten Pädagogen, so scheint es trotz anders lautender Medienberichte, wollen sich dieser Aufgabe stellen. Ich habe dazu schon viele Lehrerinnen und Lehrer, auch Eltern, befragen können und Studien dazu analysiert. Typisch für die Antworten vieler Lehrerinnen und Lehrer ist diese Antwort eines Mathematiklehrers:

> »Ich möchte meine Schüler gern so gut wie möglich auf das spätere Leben vorbereiten und nicht nur gute Mathematiker aus ihnen machen oder sie nur durch die nächste Klassenarbeit bringen. Ich hoffe, sie werden einmal verantwortungsbewusste Bürger und Familienväter, die privat, im Beruf oder in der Öffentlichkeit verantwortungsbewusst mit ihren Fähigkeiten und ihrer Position umgehen und niemandem etwas zu Leide tun. Natürlich sollen sie auch Spaß haben und glücklich sein. Aber sie sollen immer auch daran denken, was sie sich und anderen schulden. Im Unterricht kann ich solche Ziele aber kaum umsetzen. Ich denke, meine Schüler fänden das komisch. Bestimmt würden auch sogleich Eltern befürchten, die fachlichen Leistungen ihrer Kinder würden darunter leiden und auch ich habe Angst, ich könnte es nicht schaffen, den Stoff zu bewältigen, wenn ich mich auf solche Themen einlasse. Vielleicht habe ich auch einfach Angst davor, im Unterricht moralische und emotionale Themen zu behandeln, weil ich während meiner Ausbildung nie Gelegenheit hatte zu lernen, wie man das methodisch macht, damit auch etwas dabei herauskommt.«

85 % aller von mir befragten Lehrerinnen und Lehrer sagen, sie fühlten sich durch ihre Ausbildung pädagogisch-didaktisch nicht gut genug vorbereitet.

Fast 40 % nannten die diesen Teil ihrer Ausbildung sogar »mangelhaft« oder »ungenügend«. Kaum ein Lehrer hatte Gelegenheit, zu lernen, wie man auf die Lerninteressen und Gefühle von Schülern eingeht (vgl. LIND & SCHUMACHER, 1998). Viele Lehrer machen sich daher ein falsches Bild von ihren Schülern: Sie unterschätzen, wie stark Schüler sich eine gute Bildung, einen gerechten Umgang miteinander, mehr Mitsprache beim Unterricht, aber auch das Einhalten von Regeln wünschen (LIND, 2002).

Methoden wie die Dilemmadiskussion und Demokratische Schulgemeinschaft helfen Lehrern, dieses Defizit in unserer Bildung zu schließen. Sie helfen, Fach- und Moralwissen integrativ zu unterrichten, mit Schülern in einen moralischen Diskurs zu treten und sich über moralische Emotionen und Werthaltungen auszutauschen und allgemein die Fähigkeit zum moralischen Urteilen und Diskutieren zu fördern, was in diesem Buch noch ausführlicher dargelegt wird.

Diese Methoden haben bislang erst vereinzelt Eingang in die Ausbildung von Pädagogen gefunden. Sie sind noch relativ neu und erfordern eine gründliche Ausbildung. Nachdem sie ›lehrbar‹ gemacht wurden und ihre Praktikabilität und Wirksamkeit nachgewiesen werden konnten, ist die Nachfrage deutlich gestiegen, besonders unter erfahrenen Pädagogen, denen die Kluft zwischen Anspruch und Wirklichkeit unseres Bildungssystems bezüglich ihres moralisch-demokratischen Bildungsauftrags wohl am stärksten bewusst ist. Aus Fortbildungskursen für diese Zielgruppe ist das Bedürfnis für dieses Handbuch entstanden. Sicher, die gründliche Ausbildung in diesen Methoden kann sich nicht allein auf die Lektüre eines Handbuchs beschränken. Die Anleitung und Hilfestellung durch eine mit diesen Methoden vertraute Lehrperson sowie Anschauungsbeispiele und begleitende Übungen unter Supervision sind unverzichtbar für den Erwerb der notwendigen didaktisch-pädagogischen Kompetenzen. Dafür stellt das vorliegende Handbuch eine grundlegende Basis dar.

1.5 Moralische Bildung

Moral ist manchmal keine einfache Sache – Moral zu lehren auch nicht. Es gibt Situationen, in denen man vor einem anscheinend unlösbaren Dilemma steht. Egal, welche Lösung man wählt – man macht sich schuldig: Ich sehe ein Kind im eiskalten Meer ertrinken; ich könnte es retten; aber das eiskalte Wasser gefährdet mein eigenes Leben; die eigenen Kinder verlören ihren Vater. Wie soll ich *richtig* handeln? Ich stelle fest, dass das Futtermittel, das ich kontrollieren soll, stark mit Pestiziden verseucht ist; die Öffentlichkeit zu warnen, könnte bedeuten, dass meine Firma geschlossen wird und ich meinen Job verliere. Was soll ich tun? Oder versetzen wir uns in einen Schüler: Ich könnte meinem Freund helfen, das Klassenziel zu erreichen; während einer wichtigen Klassenarbeit lasse ich ihn bei mir abschreiben; den anderen Mitschülern kann ich diese Möglichkeit nicht bieten. War das richtig?

Zum Glück stehen wir nicht ständig vor solchen Situationen. Wenn wir aber in eine solche Situation geraten, sind wir oft wie gelähmt, oder versuchen dem Dilemma auszuweichen in der Hoffnung, dass es sich ›von selbst‹ löst. Oder wir tun irgendetwas in der Annahme, irgendetwas zu tun ist besser als gar nichts. Nicht selten merken wir aber, dass uns all dieses nicht wirklich weiter hilft, dass wir die Lähmung überwinden müssen, dass wir aber auch nicht in ›blinden Aktionismus‹ verfallen dürfen. Manchmal funktioniert das, aber manchmal holen uns die Probleme, die wir durch Ignorieren zu vermeiden hofften, bald wieder ein oder es entstehen durch blinde Lösungsversuche noch mehr Probleme.

In solchen Momenten sehen wir uns gezwungen, das Problem grundsätzlicher anzugehen: Um was geht es hier genau? Welche unserer moralischen Ideale und Prinzipien stehen hier zur Diskussion? Was verlangen sie zu tun? Welchen soll Vorrang eingeräumt werden? Nach welchen Kriterien soll ein Widerspruch zwischen ihnen entschieden werden? Mit wem kann und mit wem muss ich darüber reden? Also: Wie lässt sich das Dilemma fair und angemessen lösen, damit ich und auch andere Betroffene die Lösung verantworten und damit leben können?

Wie kann man Kindern und Heranwachsenden am besten dabei helfen? Eigentlich gar nicht, sagen die einen. Moral sei nämlich genetisch fixiert und alles, was man als Pädagoge tun kann, sei, ›Spreu vom Weizen zu trennen‹, also zu diagnostizieren und diejenigen zu fördern, die gute moralische Anlagen haben, und die anderen von einer Karriere in Schule und Beruf abzubringen. Ganz einfach, sagen andere, wir müssen ihnen moralische Werte beibringen (wenn nötig mit Zwang); wer hohe moralische Ideale und Werte hat, weiß von alleine, welche Entscheidung die moralisch richtige ist.

Inzwischen liegt eine überwältigende Menge von Belegen vor, die zeigen, dass weder die eine noch die andere Antwort sein kann (vgl. LIND, 2002). Vielmehr gilt für den Bereich der Moral Ähnliches wie für andere Bereiche des Lebens: Die Lösung von Problemen erfordert Wissen und Fähigkeiten, von denen uns vermutlich ein Teil ›in die Wiege‹ gelegt ist, die wir aber im Laufe eines lebenslangen Lernprozesses vervollkommnen und erweitern müssen.

Dies gilt für den Bereich der Moral vielleicht sogar noch mehr als für andere Bereiche. Für die meisten Menschen ist die Entwicklung mathematischer Fähigkeiten, die sie im Leben benötigen, mit der siebten oder achten Klasse abgeschlossen. Die Entwicklung der im Leben heute benötigten moralischen Fähigkeiten ist vermutlich erst mit unserem Ableben abgeschlossen. Das war früher, in stabilen Gesellschaften ohne ständigen technisch-politischen Wandel sicher anders. Heute aber scheint die Zahl neuer moralischer Dilemmas (griechisch: Dilemmata) schneller zu wachsen als die zu ihrer Lösung notwendigen Fähigkeiten. Letztere müssen daher heute mehr und länger gefördert werden.

Die Auswahl und Förderung einer kleinen Elite reicht nicht aus und ist auch mit dem Grundgedanken einer demokratischen Gesellschaft nicht vereinbar: In ihr wird jedem das Recht auf bestmögliche Förderung seiner Persönlichkeit und auf ein glückliches Leben garantiert. Zudem wird jeder Einzelne benötigt, wenn es um die Erhaltung und Gestaltung der Demokratie geht. Diese Aufgabe auf eine Elite zu beschränken wäre ein Widerspruch in sich selbst.

Die Vermittlung von ›Werten‹, worunter man oft ein schwer identifizierbares Gemisch aus moralischen Prinzipien, religiös-kulturellen Überzeugungen und individuellen Präferenzen versteht, ist, wie die Erfahrung zeigt, bestenfalls wirkungslos, manchmal sogar schädlich. Sie ist wirkungslos für das tatsächliche Verhalten von Menschen, wenn sie sich auf das Predigen von moralischen Begriffen und das Aufhängen von Plakaten mit moralischem Inhalt beschränkt. Das zeigen die Erfahrungen mit der Propaganda im Nationalsozialismus und den kommunistischen Staaten. Man kann damit allenfalls Lippenbekenntnisse erreichen. Dient sie aber dazu, Menschen unmündig zu halten und ihnen die Werte einer herrschenden Schicht aufzuzwingen, fördert Moralerziehung eher Doppelmoral und Rebellion als die Fähigkeit zu moralischem Handeln.

Moralisches Handeln bedarf auch moralischer Ideale und Prinzipien. Aber diese können bei den meisten Menschen, selbst bei notorischen Straftätern, vorausgesetzt werden. (Belege hierfür werden u. a. in diesem Buch gegeben). Interessanterweise sind sich, wie Studien zeigen, fast alle Menschen sicher, dass sie selbst beinahe immer moralisch handeln, nicht aber, dass auch andere Menschen nach moralischen Prinzipien zu leben versuchen.

An anderer Stelle wurde anhand von vielen sorgfältig angelegten Studien bereits gezeigt, dass bei uns allgemeinbildende Schulen und Hochschulen – entgegen manchen Meinungen – in der Tat die moralisch-demokratischen Fähigkeiten von Heranwachsenden nachhaltig fördern (darauf werde ich in diesem Buch noch näher eingehen). Wie positiv sich das Lernklima an Schulen und Hochschulen für moralisch-demokratisches Lernen entwickelt hat, wird am Vergleich mit dem Lernklima vor dreißig Jahren und dem Lernklima an Schulen in vielen anderen Ländern deutlich.

Wir wissen aber auch, dass Schulen und Hochschulen diese Leistung eher ›zufällig‹ und mittels ihres ›heimlichen Lehrplans‹ erbringen und nicht mittels gezielter Fördermethoden. Es sind bisher eher Lerngelegenheiten, die sich aus dem Schulleben ergaben und damit situativ zur Diskussion über moralische Probleme zwischen Schülern und auch mit Lehrern anregten, die Impulse zur Kritik und selbstständigem Denken setzten oder die Verantwortungsübernahme und eigene Entscheidungen einforderten (Belege hierzu in diesem Buch). Der Lehrplan selbst aber beschränkt sich in dieser Hinsicht weitgehend auf Absichtserklärungen, die in der Lehrerausbildung wiederum kaum Berücksichtigung finden.

1.6 Neue Methoden der moralischen Bildung

Dabei gibt es solche Methoden seit einigen Jahren mit der Dilemmadiskussion und der Demokratischen Schulgemeinschaft (oft auch Gerechte Schulgemeinschaft genannt). Diese Methoden, vor allem die Methode der Dilemmadiskussion, haben sich in vielen wissenschaftlich begleiteten Schulerprobungen als wirksam und vielseitig einsetzbar erwiesen. Lehrerinnen und Lehrer, die diese Methode nutzen, bestätigen dies. Stellvertretend für viele möchte ich drei Stimmen zitieren:

- »Während der Diskussion hatte ich den Eindruck, dass ich meine Meinung mit Überzeugung vertreten konnte, meine Moralvorstellung hat sich nach der Diskussion nicht verändert, sondern gefestigt. ›Unsere‹ Dilemmadiskussion war sehr fruchtbar und hat zum Nachahmen mit Schülern angeregt. Zum Glück waren wir nicht alle einer Meinung bezüglich der moralischen Seite des Problems! Diese ›Uneinigkeit‹ unter Fachkollegen halte ich weder für besorgniserregend noch für bedenklich. Mir hat die gesamte Diskussion – sowohl der Austausch in den Kleingruppen als auch im Plenum – sehr gut gefallen, ich habe mich dabei ausgesprochen wohl gefühlt und konnte jeweils meine Standpunkte ausreichend vertreten« (Lehrer).

- »Zusammenfassend kann ich sagen: Es hat sich wirklich gelohnt, diese Diskussion durchzuführen. Ich hatte das Gefühl, in diesen beiden Stunden mehr erreicht zu haben als in 3–4 Wochen ›normalem‹ Unterricht. Ich habe viel über einzelne Schüler erfahren, war erstaunt über einige ›schwache‹ und stille SchülerInnen, die sich sehr engagiert haben, Veränderungen für die Gesellschaft, für den Umgang miteinander u. Ä. eingefordert haben. Es war eine sehr lebhafte und sachliche Diskussion und ich habe mich gefreut, meine Schüler ›nachdenklich‹ (wie sie es nannten) in die Ferien zu entlassen.
  Ich kann nur jedem, der vielleicht ähnlich zögerlich ist, in Anbetracht der ›kostbaren‹ Unterrichtszeit von 2 Stunden zuraten, die Dilemmadiskussion auszuprobieren!« (Lehrerin).

- »Ich beabsichtige, die vielen verschiedenen Fachaspekte des Lara-Themas (Geografie, Religion, Kultur, Soziale Hintergründe usw.) noch besser vorzubereiten und die Diskussion auch in der 11. Klasse durchzuführen. Im kommenden Schuljahr möchte ich Dilemmadiskussionen bereits in meine Stoffverteilungspläne integrieren und meine Kompetenz in der Durchführung verbessern. Ich bin nicht nur immer noch, sondern noch viel mehr davon überzeugt, dass die Dilemmadiskussion ein guter Weg ist« (Lehrer).

1.7 Handlungsfähigkeit: Integration von fachlicher und moralischer Bildung

Moralische Bildung im Sinne der Förderung wirklicher Handlungsfähigkeit kann also nur gelingen, wenn vertraute Arbeitsteilungen zwischen Fach und Moral, zwischen Kognition und Emotion überwunden und eine integrative Bildung angestrebt werden. Genau hier setzen beide Methoden an: Einen Bildungsprozess anzustoßen, in dem die Koordination fachlichen und moralischen Wissens, des Gefühls und des Verstands nicht in das Belieben des Kindes gestellt ist, sondern diese Integrationsleistung ein spezifischer Bildungsauftrag wird. Damit soll keineswegs einer Aufhebung des Fachunterrichts oder auch der Fachgliederung das Wort geredet werden. Durch eine integrative Moralbildung, wie sie hier gefordert wird, wird kein Fach – auch nicht Fächer wie Religion und Ethik – überflüssig. Vielmehr sollte moralische *Bildung* im Sinne einer integrativen moralischen Urteils- und Diskursfähigkeit zum Bestandteil eines *jeden einzelnen Fachs* gemacht werden.

1.8 Aufbau des Buches

Das Buch gliedert sich in drei Teile. Der erste Teil des Buches ist der Frage gewidmet, was wir heute über den Zusammenhang von Moral, Demokratie und Bildung wissen. Dabei wird keine Vollständigkeit angestrebt, die immer eklektisch und widersprüchlich bleiben muss. Vielmehr versuche ich, – auf der Grundlage von philosophischen, psychologischen und pädagogischen Forschungsbefunden – ein einigermaßen kohärentes und empirisch belegbares Bild zu zeichnen, an dem sich eine zukünftige Moral- und Demokratieerziehung orientieren kann.

Im zweiten Teil dieses Buches wird die vielseitig anwendbare Methode der Dilemmadiskussion im Detail dargestellt, die sich mehr als jede andere Methode der Moralerziehung einer wissenschaftlichen Überprüfung und schulpraktischen Erprobung unterzogen hat und sich dabei als effektiv und nachhaltig erwiesen hat. Ich habe auf Grund dieser Erfahrungen die erstmals von Blatt und Kohlberg (1975) eingesetzte Methode der Dilemmadiskussion an der Universität Konstanz weiterentwickelt und auch ›lehrbarer‹ gemacht, um sie so schulischen Bedürfnissen und Bedingungen anzupassen und einem breiteren Kreis von Pädagogen zugänglich zu machen.

In diesem Buch stelle ich hauptsächlich die Konstanzer Version der Dilemmadiskussion vor, die viele wichtige Teile der ursprünglichen Methode beibehalten hat, aber in einigen Punkten auch deutlich von ihr abweicht. Gegenüber diesen und anderen Formen der Diskussion über moralische Dilemmas ist das Besondere der Konstanzer Methode der Dilemmadiskussion,

- dass als Ziel die Förderung der moralischen Urteils- und Diskursfähigkeit im Mittelpunkt steht und nicht die Wertschätzung bestimmter Argumentationsstufen oder die Durchsetzung bestimmter Meinungen,
- dass gegenseitige Achtung und die Einhaltung von allseitig akzeptierten Fairness-Regeln das Diskussionsgeschehen prägen und nicht Konkurrenzdenken oder gar eine feindselige Haltung,
- dass vernünftiges Diskussionsverhalten (das ist vor allem das offene Aussprechen eigener Meinungen und das Aussprechen lassen und genaue Zuhören) – in gefühlsmäßig aufgeladenen Konfliktsituationen – gefordert ist und nicht rhetorische Eleganz,
- dass auf die unpraktikable und auch in ihrer Wirkung umstrittene ›plus 1‹-Konvention (die besagt, dass die Schüler jeweils mit einem moralischen Denken auf genau einer Stufe über der eigenen konfrontiert werden sollten) verzichtet und dafür die Konfrontation der Diskussionsteilnehmer mit Pro- und Kontra-Argumenten in den Mittelpunkt gestellt wird,
- dass die Durchführung der Diskussion auf Grund von lernpsychologischen Erkenntnissen rhythmisiert wird; Phasen der Unterstützung und Herausforderung wechseln sich systematisch ab, um das Niveau der Aufmerksamkeit und Lernbereitschaft optimal zu halten,
- und dass die Leitung von Diskussionen und die Reflexion weitestmöglich an die Lernenden selbst übergehen (z. B. durch die so genannte Ping-Pong-Regel) und so den Denk- und Lernbedürfnissen jedes Einzelnen optimal gerecht wird.

Im dritten Teil wird der Ansatz der Demokratischen Schulgemeinschaft *(Just Community School)* vorgestellt, der noch stärker als die Dilemmadiskussion einen integrativen Bezug zwischen Schule und Lebenswelt herstellt. Allerdings stellt dieser viel höhere Anforderungen an die Lehrpersonen. Während bei der Dilemmadiskussion die semi-realen Dilemmas, an denen die Heranwachsenden ihre Urteils- und Diskursfähigkeit erproben sollen, nach didaktischen Erfordernissen gestaltet werden können, sind die Dilemmas, die in der Demokratischen Schulgemeinschaft behandelt werden, vollkommen real und voller Eigendynamik.

Im letzten Teil werden Anregungen und Empfehlungen für Aufbau und Durchführung von Weiterbildungsseminaren für Lehrerinnen und Lehrer gegeben, die sich – mit gewissen Einschränkungen – auch für ErzieherInnen und HochschuldozentInnen eignen. Das vorliegende Buch bietet eine Grundlage, um mit der Dilemmadiskussion zu arbeiten. Zusätzlich ist es allerdings für Lehrpersonen, die die Methode der Dilemmadiskussion und der Demokratischen Schulgemeinschaft im Unterricht souverän und flexibel einsetzen oder gar weiter vermitteln können wollen, unabdingbar, durch Teilnahme an und Beobachtung von Dilemmadiskussionen eigene Erfahrungen zu sammeln. Damit können sie diese Methode mit Unterstützung von Videoaufnahmen und Supervision selbst ausprobieren. Nur so können Fehler und Rückschläge zu lehrreichen statt entmutigenden Erfahrungen werden.

Weitere Hinweise auf die beiden hier vorgestellten Methoden werden laufend im Internet veröffentlicht: http://www.uni-konstanz.de/ag-moral/. Über Erfahrungsberichte zu diesen Methoden würde ich mich freuen (E-Mail: Georg.Lind@uni-konstanz.de).

Teil 1:
Theoretische Grundlagen

Abb. 1: Lawrence Kohlberg in der Diskussion mit Schülern des Gymnasiums am Wirteltor, Düren. Rechts der Autor.

2 Moral als demokratische Schlüsselfähigkeit

Moral, Demokratie und Erziehung sind eng miteinander verbunden. Moderne Demokratien gründen auf der Vorstellung, dass das Zusammenleben der Menschen in einer Gesellschaft nicht von Königen oder Tyrannen geregelt wird, sondern von den Menschen selbst auf der Basis von moralischen Prinzipien, denen sich alle verpflichtet wissen. Demokratie ist im Kern eine moralische Institution.

Umgekehrt ist die moderne Moral demokratisch. Sie ist kein willfähriges Instrument in der Hand einer herrschenden Klasse, wie dies noch in Begriffen wie Sexualmoral, moralische Mehrheit und Doppelmoral herausklingt. Vielmehr stellen moralische Prinzipien die von allen akzeptierbare Grundlage für die Möglichkeit von gewaltfreien, verständigungsorientierten und gerechten Konfliktlösungen dar (HABERMAS, 1981, 1983; KOHLBERG, 1981).

In einer Demokratie kommt daher der Bildung eine ganz besondere Aufgabe zu, nämlich die Vermittlung der Prinzipien, die für die allgemeine Wohlfahrt und die gewaltfreie Lösung von Konflikten notwendig sind. Allgemeinbildung in einer Demokratie kann sich nicht in der Vermittlung von fachlichen Kenntnissen und Fertigkeiten erschöpfen (die jedoch auch hier von großer Wichtigkeit für die allgemeine Wohlfahrt sind), sondern muss auch die Förderung moralischer und demokratischer Fähigkeiten umfassen (TOCQUEVILLE, 1976/1835; DEWEY, 1964/1915; BOHNSACK, 1976; EDELSTEIN & FAUSER, 2001; TURIEL, 2002).

2.1 Anforderungen an die allgemeine Bildung

In heutigen Zeiten des schnellen sozialen und technisch-wissenschaftlichen Wandels sind moralische (wie fachliche) Fähigkeiten mehr gefordert als in ruhigeren Zeiten. In Zeiten des Wandels erweisen sich erprobte und zur Gewohnheit gewordene Lösungen oft als unzureichend oder gar als falsch. Neue, angemessenere Lösungen aber sind kaum entwickelt. Die Menschen sind tief verunsichert.

Dabei stellt sich die Situation für alte und junge Menschen sehr verschieden dar. Kinder und Jugendliche nehmen den Wandel anders auf als die Älteren; für sie ist jede Gesellschaft neu, in die sie hineinwachsen. Die ältere Generation – Eltern, Lehrer, Vorgesetzte – hingegen, erleben diesen Wandel als eine Entwertung ihrer erworbenen moralischen Fähigkeiten; sie müssen sich erneut in der Gesellschaft zurechtfinden. Sie finden es schwer, die neuen Dilemmas zu verstehen, die durch diesen Wandel entstehen. Nach einer Phase der Verunsicherung suchen viele daher Halt und Kontinuität in alten Gewohnheiten und Sichtweisen. Diese Reaktion ist verständlich, aber sie kann in einen Teufelskreis münden. Denn je mehr sich die Älteren der Vergangenheit zuwenden, desto fremder und bedrohlicher wird ihnen die neue Zeit erscheinen, die ihnen in Gestalt ihrer Kinder und Schüler gegenübertritt.

Bildungsinstitutionen haben nicht nur den rasanten sozialen und technischen Wandel zu bewältigen, sie müssen auch noch die Probleme lösen, die sich aus den unterschiedlichen Formen und Geschwindigkeiten der Anpassung der jungen und der älteren Generation in unserer Gesellschaft ergeben. Solche Probleme sind nicht neu. Ähnliches haben wir in den sechziger Jahren in den alten Bundesländern erlebt, als das Trauma von Nazi-Terror und Krieg sich in heftigen Jugendprotesten und noch heftigeren Reaktionen der Älteren entlud. Heute werfen wissenschaftliche und technische Innovationen, die großenteils durch politische Entscheidungen und gewaltige staatliche Investitionen ausgelöst wurden (wie z. B. die Gentechnologie, die Computerisierung und weltweite Informationsvernetzung und die Globalisierung der Finanzmärkte), völlig neue moralische Dilemmas auf. Es besteht die Gefahr, dass diese Kommunikationsstörungen zwischen jung und alt im Extremfall zu einem Zusammenbruch der Kommunikation und gewalttätigen Auseinandersetzungen eskalieren, wodurch der Prozess des Lehrens und Lernens an den Schulen erheblich beeinträchtigt, wenn nicht gar zum Erliegen gebracht wird, und dies gerade in einer Zeit, in der schulische Bildung ganz besonders benötigt wird.

Ich glaube nicht, dass solche negativen Entwicklungen unausweichlich sind und dass es keine Möglichkeiten gibt, sie aufzuhalten. Auch denke ich nicht, dass wir diese Entwicklung durch mehr und strengere Gesetze aufhalten können. Mehr ›Autorität‹ und schärfere Verhaltenskontrollen würden den Riss zwischen alt und jung nur vergrößern. Vielmehr denke ich, dass wir die Heranwachsenden besser auf die neue Zeit vorbereiten müssen und dass wir dafür Lehrer und Lehrerinnen ebenso wie Eltern, Hochschullehrer und berufliche Ausbilder benötigen, die in der Lage sind, ihren Schülern alle dafür notwendigen Fähigkeiten zu vermitteln.

Die Klagen über einen angeblichen Verlust von Werten und die häufigen Appelle an neue oder alte Werte verkennen das wirkliche Problem unserer Zeit. Wir leben nicht in einer Zeit des ›Werte-Verfalls‹. Vielmehr wurde noch selten so viel und stark ›moralisiert‹ wie heute (ich werde dazu unten Belege anführen). Bildung, die sich auf die Vermittlung von ›Werten‹ beschränkt, ist bestenfalls wirkungslos. Schlimmstenfalls kann sie aber unter Umständen eine Gefahr darstellen, dann nämlich, wenn sie die Heranwachsenden in ihren moralischen Idealen bestärkt, ohne gleichzeitig deren Fähigkeit zu fördern, die damit unweigerlich einhergehenden Dilemmas zu lösen. Je mehr moralische Ideale wir haben, umso größer ist die Wahrscheinlichkeit, dass sie sich in konkreten Situationen widersprechen und uns damit vor Handlungskonflikte stellen. Die einseitige Betonung von moralischen Idealen ohne die dafür auch notwendigen Urteils- und Diskursfähigkeit kann zu moralischem Rigorismus und, wie die Geschichte vielfach zeigt, zu gewaltsamen Lösungsversuchen führen (siehe auch LIND, 1998).

2.2 Moral als Einhaltung von Normen und Regeln?

Dem Verständnis von Moral als Fähigkeit stehen zwei Konzepte von Moral gegenüber, die älter und noch immer einflussreich sind. Zum einen die Auffassung von Moral als Normkonformität. Moral wird hier definiert als die ›Fähigkeit‹ zur Einhaltung von sozialen Normen und Erwartungen (BREZINKA, 1988). In Gesellschaften, in denen Moralität gleichgesetzt wird mit strikter, nicht hinterfragbarer *Normkonformität,* fehlt dem Individuum jede Möglichkeit, zwischen wichtigen und weniger wichtigen Normen zu unterscheiden. Gebote, wie ›Du sollst nicht töten‹ haben in diesen Gesellschaften den gleichen Rang wie Kleidervorschriften, das Leben denselben Wert wie Anstandsregeln. In Situationen, für die es keine Vorschriften gibt, darf der Einzelne nicht einfach selbst entscheiden, was zu tun ist (und kann dies häufig auch gar nicht). Er muss sich vielmehr an Experten für Moralfragen – zumeist Theologen oder Geistliche – wenden, die festlegen, welche Entscheidung gut und welche schlecht ist. Auf die Veränderung der Lebensgrundlagen kann in solchen Gesellschaften zumeist gar nicht oder nur mit einer Vermehrung von Vorschriften reagiert werden. Dies hat zur Konsequenz, dass diese Vorschriften für die Menschen immer unüberschaubarer, immer widersprüchlicher und immer weniger befolgbar werden. Solche, auf Normkonformität fußende, *heteronome* Moralsysteme sind in Europa erst im Zuge der Reformation und der Aufklärung überwunden worden. Luthers Lehre von einem persönlichen Gott und Kants Aufruf an die Menschen, in moralischen Konfliktsituationen selbst ihren Verstand zu gebrauchen (sapere aude!), markieren die Wende zu einem Individuum-zentrierten, *autonomen* Moralsystem, das für eine demokratische Gesellschaft unabdingbar ist.

Moral ...
... als Übereinstimmung des Verhaltens mit sozial vorgegebenen Erwartungen und Normen *(Normenkonformität),*
... als Übereinstimmung des Verhaltens mit den eigenen moralischen Idealen und Prinzipien *(Gewissen),*
... als Fähigkeit, in Bezug auf die eigenen moralischen Ideale konsistent und in Bezug auf die jeweilige Situation angemessen (differenziert) zu urteilen und zu handeln *(Fähigkeitsdefinition).*

Abb. 2: Drei Definitionen von Moral

2.3 Moral als Gesinnungs- und Gewissensorientierung?

Im Kontrast hierzu definiert die Gesinnungsethik Moral als die Übereinstimmung des individuellen Verhaltens mit eigenen moralischen Idealen und Prinzipien (statt mit äußeren Normen und Erwartungen) und setzt Moralität weitgehend mit moralischen Werten und Intentionen gleich. Sie hat ihren historischen Ursprung in so genannten Gesinnungsmoralen, die im Kern besagen: Um moralisch gut zu sein, bedarf es (allein) moralisch guter Motive. Auf die Moralität einer Handlung, so der Philosoph KANT, lässt sich nicht schließen, wenn diese Handlung nur ›zufällig‹ mit göttlichen Geboten bzw. mit moralischen Prinzipien übereinstimmt, sondern nur, wenn sie aus guten Motiven entspringt. Psychologisch und pädagogisch kann man diese Definition dem ›affektiven‹ Bereich menschlichen Verhaltens zuordnen, wie dies die – in der Forschung und Lehrerausbildung noch immer sehr einflussreiche – ›Taxonomie der Bildungsziele‹ von Benjamin Bloom und seinen Kollegen tut (BLOOM et al., 1956; KRATHWOHL et al., 1964).

Immer wieder hört und liest man in den Medien, dass menschliches Fehlverhalten, Kriminalität und Gewalt allein eine Folge von ›Wertverlust‹ seien. Demnach scheint moralisches Verhalten allein von moralischen Werthaltungen abzuhängen und die Hauptaufgabe der Schule wäre es demnach, Werthaltungen zu vermitteln. In vielen wissenschaftlichen Untersuchungen hat sich diese Behauptung aber nicht bestätigen lassen. Zwischen (moralischen) Einstellungen und Werthaltungen einerseits und dem Verhalten in kritischen Situationen andererseits gibt es kaum einen systematischen Zusammenhang (HARTSHORNE & MAY, 1928). Zudem können moralische Einstellungen und Werthaltungen, wenn nötig, in fast beliebiger Weise simuliert werden (EMLER et al., 1983; LIND, 2002; mehr dazu unten).

Die Gesinnungsmoral hat sich philosophisch und psychologisch als unzulänglich herausgestellt. Gute Intentionen allein garantieren keine vernünftige, gewaltfreie Lösung sozialer Konflikte ebenso wenig wie sich damit der ›ewige Friede‹ (KANT) gewinnen lässt (HABERMAS, 1996). Auch die Konsequenzen des eigenen Handelns müssen mitbedacht werden. Zudem ist oft nur schwer zu entscheiden, welche Handlung ein moralisches Prinzip letztlich am besten einlöst. Hilfeleistung wird allgemein als Zeichen für moralische Absichten angesehen. Aber oft ist unklar, wie es in einer konkreten Situation am besten zu verwirklichen ist (LIND, 2000). Bei akuter Hungersnot in einem Land zum Beispiel ist zunächst die einzig richtige Hilfe, Nahrungsmittel zu spenden. Nahrungsmittelhilfen können aber eine völlig unbeabsichtigte Wirkung haben, nämlich dann, wenn sie länger als nötig gewährt werden. Ab einem bestimmten Punkt führt diese Hilfe dazu, dass die Nahrungsmittelproduktion in diesem Land zum Erliegen kommt. Die Bauern, die aus ihrer Arbeit keinen Erlös mehr erzielen können, geraten in Not und verlassen ihre Bauernhöfe. Damit wiederum steigt die Hungersnot und der Bedarf an fremder Hilfe.

Zudem ist oft nicht nur *ein* Moralprinzip, sondern sind zwei oder mehr Prinzipien zu beachten. In solchen Situationen müssen wir, um ein bestimmtes Moralprinzip einzuhalten, oft andere Prinzipien übertreten oder in ihrer Gültigkeit begrenzen. Ein Schüler zum Beispiel, der während einer Klassenarbeit von seinem Freund gebeten wird, ihn abschreiben zu lassen, sieht sich gleich mit zwei für ihn gleich wichtigen moralischen Anforderungen konfrontiert, nämlich mit dem Prinzip, einem Freund zu helfen, und mit dem, nicht zu mogeln. Wenn er die eine Regel einhält, dann muss er gegen die andere verstoßen (siehe dazu LIND, 1997).

Vielleicht hat die Gesinnungsmoral die Menschheit in dem Sinne moralischer gemacht, als die meisten Menschen dadurch ein hohes moralisches Bewusstsein entwickelt haben (weiter unten werde ich noch ausführlicher auf empirische Belege eingehen). Aber sie hat kaum dazu geführt, dass sie auch die dafür notwendige moralische Urteilsfähigkeit gelernt haben. Ohne eine solche Fähigkeit aber kann sich Moral, wie wir an verschiedenen fundamentalistischen Strömungen sehen können, in ihr krasses Gegenteil verkehren. So werden die moralisch guten Absichten der einen manchmal zum Fluch für die anderen. Es gibt kaum unmenschlichere und ungerechtere Kriege als die, die im Namen des Humanismus und der Gerechtigkeit geführt werden. Religiös-moralische Bewegungen bilden, wie kürzlich festgestellt wurde, den Hintergrund fast der Hälfte aller Kriege der letzten fünfzig Jahre (SÜDDEUTSCHE ZEITUNG, 1993 Nr. 276, S. 5). Wie stark moralische Absichten und Handeln auseinander fallen können, zeigen radikale Abtreibungsgegner, die für den Wert des Lebens kämpfen, aber nicht davor zurückschrecken, andere Menschen umzubringen.

2.4 Ist Moral lehrbar?

Die Frage, ob Moral eine Fähigkeit ist, ist eng verknüpft mit der Frage, ob sie lehrbar ist, wie bereits SOKRATES vor mehr als 2500 Jahren erkannt hat. Wenn, so argumentiert er in seinem Dialog mit MENON, Moral eine ›Tugend‹ oder, wie wir heute sagen würden, eine Fähigkeit wäre, dann sei sie auch lehrbar. Auch das Umgekehrte sei wahr: Wenn sie lehrbar sei, dann sei sie auch eine Tugend/Fähigkeit. Wenn wir hingegen annehmen müssten, dass Moral allein eine Frage der richtigen Werthaltung und Gesinnung ist, wie viele auch heute noch immer glauben, dann müssten wir Moral nicht lehren, sondern ›eintrichtern‹. Dazu besteht aber, wie die Forschung zeigt, kein Grund. Moral scheint weitgehend eine Frage der Fähigkeit zu sein, die moralischen Dilemmas oder Aufgaben zu lösen, die uns das Leben stellt.

Viele Menschen glauben nicht, dass Moral eine Fähigkeit und lehrbar sei, allerdings aus unterschiedlichen Gründen. Moral sei nicht lehrbar, sagen die einen, weil sie eine Frage angeborener Persönlichkeitseigenschaften (so genannter Wesenszüge oder *Traits*) sei. Man könne nur versuchen, durch Selektion die moralisch guten von den moralisch weniger guten Menschen zu trennen, um so dafür zu sorgen, dass die Moral zum Zug kommt oder doch wenigstens nicht ganz untergeht.

Wenn Moral eine angeborene Eigenschaft der Menschen ist, dann ist moralische Erziehung zwecklos. Die Gesellschaft kann sich darauf beschränken, die Menschen in moralisch gute, weniger gute und schlechte zu klassifizieren und sie entsprechend dieser Klassifikation zu behandeln. Aus der Annahme, dass Moral bloß eine Werthaltung oder Einstellung oder Ähnliches sei, leitet sich ab, dass moralische Bildung und Erziehung sich darauf beschränken kann, dem Heranwachsenden die vorgegebenen moralischen Regeln der Gesellschaft einsichtig zu machen oder ihn auf andere Weise dazu zu bringen, dass er sie (zumindest verbal) akzeptiert.

Solche Vorstellungen sind aber kaum vereinbar mit der Überzeugung, dass der Mensch bildbar ist, und auch nicht mit den Prinzipien der Demokratie, die auf sozialen Zwang und Indoktrination verzichten. Beide Vorstellungen haben sich bislang auch kaum durch empirische Forschung untermauern lassen. Persönlichkeitseigenschaften existieren mehr in den Augen des Betrachters als im tatsächlichen Verhalten der Menschen (siehe u. a. COHEN, 1969).

Moral sei nicht lehrbar, sagen die anderen, weil sie keine Frage der Fähigkeit, sondern der *Werthaltung, Einstellung, Motivation* oder des *richtigen Bewusstseins* sei. Solche Dinge aber könne man nicht im herkömmlichen Sinne lehren oder unterrichten. Sie könne man nur durch Einsichtigmachen oder, wenn das nichts nutze, durch sozialen Zwang verändern. Wir haben bereits gesehen, dass auch diese Auffassung heute nicht mehr haltbar ist und damit auch die Auffassungen von Moralerziehung, die sich hierauf stützen.

Für Erziehung und Bildung ergeben sich aus diesen Vorstellungen über Moral wichtige Empfehlungen. Die vorliegenden Befunde der Moralpsychologie besagen nicht, dass die genetische Ausstattung des Menschen und seine Werthaltungen und Einstellungen keine Bedeutung für sein Verhalten hätten. Sie weisen aber darauf hin, dass dies keine konsistenten und unveränderbaren Eigenschaften sind und dass die Ergebnisse von Persönlichkeitsskalen und Einstellungstests für die Frage der Lehrbarkeit der Moral wenig hilfreich sind.

2.5 Folgerungen für die Gestaltung des Unterrichts- und Bildungswesens

Wenn Moral eine Frage der Fähigkeit und weniger der richtigen Haltung oder genetischen Anlage ist, müssen wir Abstand nehmen von manchen traditionellen Methoden der Moralerziehung, die auf Einstellungs- und Wertewandel oder Selektion abzielen. Es gibt auch keinen Grund mehr, sich unter Verweis auf den demokratischen Bildungsauftrag unserer Schulen der Aufgabe der

Moralerziehung zu entziehen. GERHARD PORTELE (1978) bezeichnete das Problem der (traditionellen) Moralerziehung in der Demokratie als das ›Du-sollst-das-wollen‹-Paradoxon: Sozialer Zwang und demokratische Mündigkeit schließen einander aus und somit eigentlich auch Demokratie und (Moral-) Erziehung. Eine kognitiv-entwicklungsorientierte moralische Bildung könnte dieses Paradoxon auflösen: Das Ziel, die Fähigkeit zu fördern, gemäß universeller, vom Einzelnen akzeptierter Moralprinzipien zu denken und handeln, ist nicht nur mit den Prinzipien einer demokratischen Gesellschaft vereinbar, sondern eine zentrale Aufgabe demokratischer Erziehung und Bildung.

Seit wir erkennen, dass Moral auch und vor allem eine Frage von Fähigkeiten ist, stehen wir als Lehrer und Eltern nicht mehr länger vor der Wahl zwischen einer totalen Abstinenz von Moralerziehung auf der einen Seite und einer Werteindoktrination auf der anderen, wie das lange Zeit der Fall war, sondern sehen uns vor der - nicht nur legitimen, sondern moralisch gebotenen - Aufgabe, die Fähigkeit von Heranwachsenden zu fördern, ihre *eigenen* moralischen Prinzipien im Handeln konsistent und differenziert anzuwenden.

Welche Moral-pädagogischen Energien diese Einsicht freisetzen kann, konnte ich in den achtziger Jahren erleben, als ich - mit Hilfe von LAWRENCE KOHLBERG, ANN HIGGINS und FRITZ Oser - in Nordrhein-Westfalen das schulpraktische Erprobungsprojekt *Demokratie und Erziehung in der Schule* (DES) initiiert und zusammen mit FRITZ OSER, WOLFGANG ALTHOF, DETLEF GARZ, HEINZ SCHIRP und SIBYLLE REINHARDT wissenschaftlich begleitet habe (LIND & RASCHERT, 1987; LIND & ALTHOF, 1992; LIND, 2002). Inzwischen habe ich vielfältig Gelegenheit gehabt, die schulpraktische Fruchtbarkeit der Fähigkeitstheorie der Moral in verschiedenen Bildungskontexten zu erproben und wissenschaftlich zu studieren. Eine Schlüsselfunktion nimmt hier die von MOSHE BLATT und LAWRENCE KOHLBERG (BLATT & KOHLBERG, 1975) vorgeschlagene Lehrmethode der *Moralischen Dilemmadiskussion* ein, die zentral auf die Förderung von moralischer Urteils- und Diskursfähigkeit zielt. Die praktischen und theoretischen Ergebnisse dieser Erprobungen werden hier in diesem Buch vorgelegt, in der Absicht, interessierte Lehrerinnen und Lehrer, aber auch Eltern mit dieser Methode bekannt zu machen und ihnen zu helfen, sie zu erlernen und zu praktizieren.

Die neuere moralpsychologische Forschung hat aber auch die Bedeutung für die Gestaltung der Schule (und anderer Bildungsinstitutionen) als *Demokratische Gemeinschaft* erkannt. Kinder erwerben moralische Fähigkeiten durch den Umgang mit Erwachsenen und Kindern, wobei der Qualität dieses Umgangs dabei ganz besondere Bedeutung zukommt. Wechselseitiger Respekt und Achtung, das Prinzip des gerechten Austauschs und andere Prinzipien einer demokratischen Gemeinschaft scheinen für die Ausbildung solcher Fähigkeiten von zentraler Bedeutung. Daher hielt schon PIAGET (1973) »Versuche zur Einführung der Demokratie in der Schule für äußerst wichtig« (S. 412; siehe auch FOERSTER, 1953; DEWEY 1964).

Zur Grundlegung einer modernen, integrativen Moralerziehung werde ich im Folgenden näher auf die Frage eingehen, was wir heute über die Natur der Moral wissen, wie sich moralische Fähigkeiten beobachten bzw. messen lassen, welche Bedeutung diese für das Verhalten in verschiedenen Lebensbereichen haben und wodurch diese Fähigkeit bedingt ist.

3 Eine integrative Theorie der Moral

3.1 Das Zwei-Aspekte-Modell: Integration von Affekt und Kognition, von Urteil und Diskurs

Die moderne Moralpsychologie setzt mit einem neuen, integrativen Verständnis der Natur des moralischen Verhaltens beim Menschen ein. Ein Wegbereiter dieses modernen Verständnisses war der Schweizer Psychologe und Pädagoge JEAN PIAGET. »Affektive und kognitive Mechanismen [des menschlichen Verhaltens] sind untrennbar, jedoch unterscheidbar; erstere hängen von Energie ab und letztere von Struktur« stellt er (1976, S. 71) fest. An vielen Stellen seiner umfangreichen Publikationen betont er dies als eine der wichtigsten Einsichten der modernen Psychologie. Dieses, wie ich es genannt habe, Zwei-Aspekte-Modell des moralischen Verhaltens stellt den Ausgangspunkt meiner psychologischen Forschung und meines pädagogischen Ansatzes dar. Es geht von der Annahme aus, dass (fast) alle Menschen moralische Ideale oder Prinzipien haben, für deren Anwendung im Verhalten sie eine Reihe moralischer Fähigkeiten benötigen, die der besonderen Förderung durch pädagogische Institutionen wie Eltern, Schule, Hochschule und so weiter bedürfen. Dieses Aspekte-Modell kontrastiert mit Theorien, die nur einen Aspekt als relevant ansehen und auch mit Theorien, die die Aspekte der Moral als dinglich trennbare Komponenten ansehen.

Abb. 3: Das Zwei-Aspekte-Modell des moralischen Verhaltens

Die Einsicht, dass Affekt und Kognition nur verschiedene Aspekte oder Eigenschaften desselben Verhaltens sind und nicht trennbare Dinge oder trennbare Verhaltensbereiche, ist noch relativ neu. Die psychologische Forschung und pädagogische Praxis hat lange unter der falschen Annahme gelitten, dass man die affektive und die kognitive Seite moralischen Verhaltens dinglich trennen könne. Zum Zwecke der Anschauung, der Forschung und des Unterrichts sind wir gewohnt, die Welt nach verschiedenen Gesichtspunkten oder Aspekten zu strukturieren und diesselbe Sache in ganz verschiedene ›Fächer‹ zu legen, je nachdem unter welchem Gesichtspunkt wir sie betrachten wollen. Das gilt auch für das menschlichen Verhalten. Viele Fachrichtungen beschäftigen sich mit dem menschlichen Verhalten – von der Physik, über die Medizin bis hin zu Psychologie, Pädagogik und Wirtschaftswissenschaften. Selbst das ›moralische Verhalten‹ wird nicht einheitlich gesehen, sondern je nach Fachgebiet in einem unterschiedlichen Licht.

Dabei ist es oft zu einer falschen *Verdinglichung* derjenigen Eigenschaften gekommen, die man anfangs nur *unterschieden* hat, um sie besser untersuchen zu können. Plötzlich hat man verschiedene Aspekte ein und derselben Sache als verschiedene *Dinge* oder, beim Menschen, als ganz verschiedene Verhaltensbereiche angesehen. So verhält es sich auch mit den moralischen Eigenschaften des Menschen (bzw. den moralischen Aspekten menschlichen Verhaltens). Wir sahen plötzlich moralische Affekte oder Emotionen einerseits und moralische Kognitionen oder Fähigkeiten andererseits als Verhaltensbereiche an, die voneinander dinglich trennbar sind. Selbst KOHLBERG und seine Kollegen haben in ihrer berühmten Studie zur Beziehung zwischen moralischer und kognitiver Entwicklung stillschweigend den Standpunkt vertreten, dass Moral und Kognition zwei verschiedene Verhaltensbereiche des Menschen sind und beides mit völlig verschiedenen Tests erfasst (KUHN et al., 1977).

Wie tief unser Denken in separaten Ding-Kategorien verwurzelt ist, zeigt sich auch an dem Vier-Komponenten-Modell des moralischen Verhaltens von JIM REST (1984; 1986). Demnach besteht Moralität aus vier separaten Komponenten:

1. *Moralische Sensitivität:* Die Interpretation der Situation; ... Bewusstsein, dass ein moralisches Problem vorliegt, wenn es existiert.
2. *Moralisches Urteil:* Die Beurteilung, welche Handlung eher moralisch zu rechtfertigen ist.
3. *Moralische Motivation:* Der Grad des Engagements für das moralisch richtige Verhalten, moralische Werthaltungen, Übernahme der persönlichen Verantwortung für die moralischen Folgen.
4. *Moralischer Charakter:* Das Durchhalten bei einer moralischen Aufgabe, Überwindung von Müdigkeit und Versuchung ... (REST et al., 1999, S. 101, meine Übersetzung, GL).

Wir sehen, dass in diesem Modell von REST viele verschiedene Aspekte moralischen Verhaltens als vollkommen getrennte (wenn auch eng miteinander verbundene) Verhaltensbereiche aufgeführt werden. Nach dem Ansatz von PIAGET und KOHLBERG lassen sich Komponenten wie moralische Sensitivität, Motivation und Charakter nicht unabhängig voneinander denken und untersuchen. Vielmehr muss man feststellen, »dass es in allen Komponenten von REST *kognitive* Aspekte gibt und dass Kohlbergs Idee einer [Entwicklungs-]Stufe als einer strukturellen Ganzheit ... quer zu Rests Komponentenmodell liegt«, schreibt die Expertin für Moralentwicklung und Moralerziehung ANN HIGGINS (1995, S. 53).

Wie problematisch die Verdinglichung und Trennung von Aspekten oder Eigenschaften als Komponenten ist, lässt sich vielleicht an einfachen Gegenständen besser verdeutlichen: Ein Ball hat verschiedene Eigenschaften; er ist rund, elastisch und, sagen wir, rot. Wenn sich verschiedene Fachgebiete wie Physik, Chemie und Sportwissenschaften mit Bällen beschäftigen, werden sie einen Ball nur unter denjenigen Aspekten (Form, Elastizität oder Farbe) behandeln, die für sie von Interesse sind. Aber sie werden, so hofft man, nicht den Fehler begehen und diese Eigenschaften als verschiedene Komponenten des Balles ansehen, die man davon dinglich abtrennen kann. Der Versuch, ›Elastizität‹ vom Ball abzutrennen, indem man sie herausschneidet, würde uns absurd vorkommen.

Interessanterweise ist es uns aber lange nicht absurd vorgekommen, moralisches Verhalten als einen separaten Verhaltensbereich des Menschen anzusehen und ihn mit eigenen Testverfahren zu messen und mit eigenen pädagogischen Methoden zu fördern.

Eine falsche Verdinglichung hat dazu geführt, dass wir lernten, das moralische Verhalten als eine rein affektive Angelegenheit anzusehen und seine Erforschung und seine pädagogische Förderung allein als eine affektive Angelegenheit zu betrachten. So hat sich die Moralforschung weitgehend auf die Erfassung von moralischen Einstellungen und Werthaltungen beschränkt und die Moralerziehung weitgehend auf den Versuch, diese zu beeinflussen, indem sie moralische Werte und Normen zu vermitteln versuchte.

Mit ihren zwei separaten Taxonomien von Bildungszielen im ›kognitiven Bereich‹ und im ›affektiven Bereich‹ hat die Expertenkommission um BENJAMIN BLOOM dieser unglücklichen Trennung ein einflussreiches literarisches Denkmal gesetzt (BLOOM et al., 1956; KRATHWOHL et al., 1964). Mit der dinglichen Abtrennung des moralischen Verhaltensbereichs von Kognitionen und Fähigkeiten haben sie uns auf lange Zeit hinaus, eigentlich bis heute, den Eindruck vermittelt, dass Moral allein etwas mit Affekten zu tun hat und Moralerziehung einzig darin bestehen kann, auf moralische Einstellungen und Werthaltungen Einfluss zu nehmen, also zu indoktrinieren. Eine Wortkombination wie ›moralische Fähigkeit‹ war undenkbar, ja geradezu ein Unwort, da Moral und Fähigkeit jeweils ganz verschiedenen Verhaltensbereichen zugerechnet wurden.

Mit dem Zwei-Aspekte-Modell des moralischen Verhaltens, bei dem Affekt (moralische Ideale) und Kognition (moralische Fähigkeiten) unterscheidbare aber untrennbare Aspekte ein und desselben Verhaltens sind, haben wir eine Alternative zu dem Komponentenmodell, das sich in Forschung und pädagogischer Praxis gut bewährt.

3.2 Moralische Ideale und Prinzipien

Zu den *moralischen Prinzipien* zählen all jene Maxime, von denen man wollen kann, wie KANT sagt, dass sie zur Grundlage einer allgemeinen (nämlich für alle Menschen gültigen) Gesetzgebung werden können: Achtung vor der Würde des Menschen, Rechtsstaatlichkeit, soziale Gerechtigkeit sowie die Freiheit der Meinung und der politischen Versammlung u. a. m.

Moralische Ideale und Prinzipien sind, so können wir annehmen, eine unerlässliche Voraussetzung für moralisches Verhalten. Wer keinerlei moralische Ideale hat und in dieser Hinsicht kein Gespür besitzt, wird sich wohl kaum bemühen, moralisch zu handeln. Er könnte noch nicht einmal moralisch handeln, wenn er wollte oder wenn er von der Gesellschaft dazu gezwungen würde, da ihm jeder innere Maßstab fehlen würde, an dem er sein Verhalten ausrichten könnte. Sein Verhalten müsste, um moralisch zu sein, völlig von einer Außeninstanz überwacht und gesteuert werden. JEAN PIAGET bezeichnet einen solchen Zustand als den der totalen Abwesenheit jeglicher Moral oder *Anomie*.

Der Zustand der totalen Anomie wird bei kaum einem Menschen angetroffen werden, es sei denn, er ist schwer psychisch krank. Die meisten Menschen haben, so ist zu vermuten, moralische Ideale und Werte. Wir sind heute in der Klärung dieser Frage nicht nur auf eigene Beobachtungen und Vermutungen angewiesen, sondern können uns dabei auf viele Untersuchungen stützen, die zeigen, dass diese Annahme richtig ist und zwar unabhängig von Alter, Schicht, Kultur oder politischer Ideologie. Erstaunlichweise scheint sogar eine weitgehende, universelle Einigkeit darüber zu bestehen, dass bestimmte moralische Probleme auf der Grundlage von universellen Prinzipien diskutiert und entschieden werden sollten, und dass andere moralische Überlegungen (wie der Respekt vor Gesetzen, die Rücksicht auf die Meinung anderer oder die Vermeidung von Strafe) dafür weniger geeignet sind.

Dabei unterscheiden Menschen offenbar nach ähnlichen Kriterien der Angemessenheit wie sie KOHLBERG in seinen bekannten Stufen des moralischen Urteils ausformuliert hat (KOHLBERG, 1981; 1984; 1987; 1995): Wenn man schwerwiegende moralische Dilemmas – wie zum Beispiel im Fall der Sterbehilfe – zu lösen hat, bevorzugt man eine Diskussion auf der höchsten Kohlberg-Stufe, dem Niveau universeller moralischer Prinzipien. In weit geringerem Maß werden die anderen, ›niedrigeren‹ Argumentationsstufen von den Befragten als zulässig angesehen, wobei ihre Präferenzen ähnlich abgestuft sind wie dies KOHLBERG in seinem Sechs-Stufen-Modell macht.

Für allgemein hohe moralische Ideale (nicht aber für das Handeln!) sprechen viele gründliche Untersuchungen in unterschiedlichen Bevölkerungsgruppen und Gesellschaften (siehe u. a. J. REST, 1986; SNAREY, 1985; LIND, 2002). Selbst unter Außenseitern der Gesellschaft und Straftätern treffen wir in der Regel ein hohes Moralbewusstsein an, wie bereits LEVY-SUHL (1912) herausfand. Seine Studien belegen dieselbe starke Präferenz für universelle moralische Prinzipien bei straffälligen wie nicht-straffälligen Jugendlichen und jungen Erwachsenen. In der Abbildung sehen wir die Präferenz von Befragten für die sechs Stufen des moralischen Urteilens von KOHLBERG grafisch verdeut-

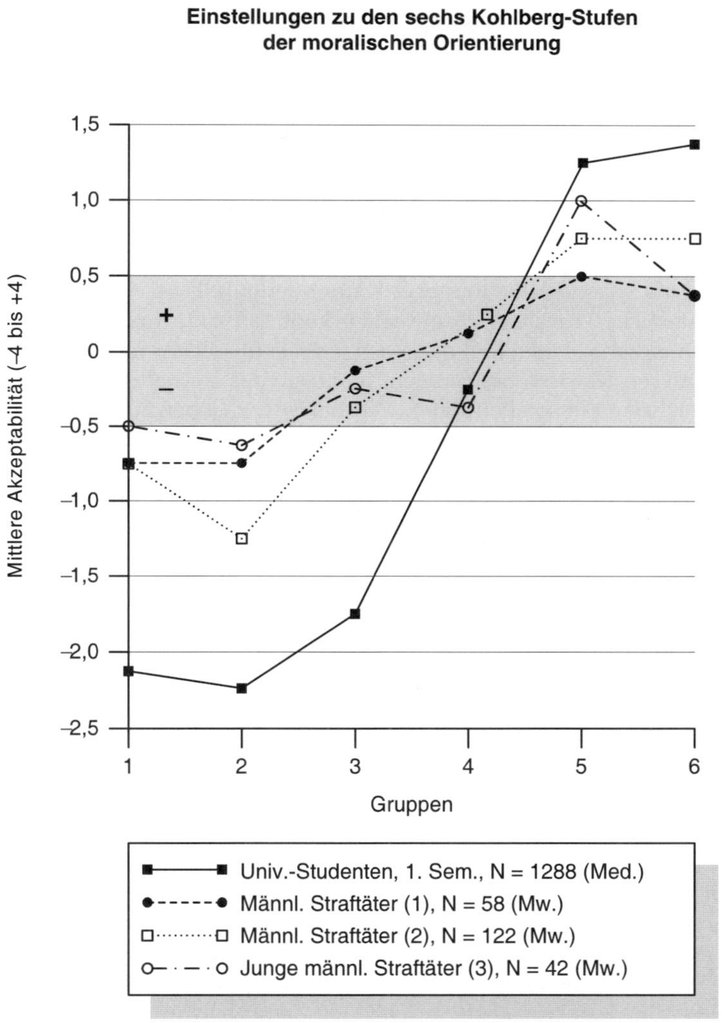

Abb. 4: Wie werden verschiedene Stufen der moralischen Argumentation (sensu Kohlberg) akzeptiert?

licht. Wir sehen, dass die Präferenz für Stufe 6-Argument am höchsten ist, und die Präferenz von Stufe zu Stufe abnimmt, und zwar für alle hier gezeigten Gruppen: Nicht-straffällige Studierende im ersten Semester und drei Gruppen von Straffälligen aus etwa der gleichen Altersgruppe.

3.3 Folgerungen für die Bildung

Diese klare und durch viele andere Studien bewiesene Bevorzugung hoher Stufen gegenüber niedrigen Stufen der moralischen Argumentation und Diskussion untermauert die Auffassung, dass moralische Ideale und Prinzipien zwar eine notwendige, aber keine hinreichende Bedingung für moralisches Verhalten sind. Für die Moralerziehung bedeutet dieser Befund, dass bei fast allen Kindern – selbst bei straffällig gewordenen – das Vorhandensein von moralischen Idealen und Prinzipien vorausgesetzt werden kann, auch wenn diese oftmals im Verhalten mancher Kinder (jedenfalls im Kontext des schulischen Unterrichts) für den Lehrer nicht erkennbar sind. Am deutlichsten können wir in einem solchen Fall das Vorhandensein solcher moralischer Prinzipien bei diesen Kindern beobachten, wenn sie das Verhalten anderer Kinder oder Erwachsener beurteilen sollen. Wie bei Erwachsenen auch, legen sie nämlich bei anderen oft strengere moralische Maßstäbe an als bei sich selbst.

Pädagogen (Lehrer wie Eltern) unterschätzen oft die moralische Sensitivität und den Gerechtigkeitssinn von Kindern und Heranwachsenden. In einer Studie haben wir ca. 550 Schüler der Klassenstufen 5 bis 8 eine Liste von 19 Aussagen vorgelegt, die sie nach ihrer Wichtigkeit für sich selbst beurteilen sollten. Den höchsten Rangplatz nahmen dabei die Achtung vor dem Eigentum (»Mir ist wichtig, dass Schüler nicht stehlen«), eine gute Ausbildung (!) und die Forderung ein, dass Lehrer gerecht sind. Alle diese drei Dinge wurden von den meisten Schülern als »sehr wichtig« bezeichnet (Lind, 2002, S. 175 und 216 ff.). Auf die offene Frage, was ihnen in der Schule wichtig sei, haben die Schüler einer 9. Klasse ähnliche Antworten gegeben. An erster Stelle stand erstaunlicherweise die Gerechtigkeit des Lehrers und sehr viel weniger wichtig waren ihnen zum Beispiel nicht-moralische Dinge wie Parties.

Wie wenig Lehrern oft die moralischen Bedürfnisse ihrer Schüler bewusst sind, zeigt sich in einer weiteren Studie. Ich habe ca. 130 Lehrerinnen und Lehrern unterschiedlicher Schulformen denselben Fragebogen wie den Schülern vorgelegt und sie gebeten, ihn so auszufüllen, wie sie glauben, dass Schüler ihn ausgefüllt haben, ohne dass ich genauere Angaben gemacht habe, um welche Schüler es sich handelt. Alle angefragten Lehrer haben den Fragebogen ausgefüllt, was zunächst einmal zeigt, dass Lehrer wirklich ihre Schüler (oder genauer: ›den Schüler‹) zu kennen glauben.

In den Antworten der Lehrer zeigte sich, dass sie Schüler recht gut einschätzen können bezüglich ihrer moralischen Erwartungen an Lehrer. Lehrer scheinen demnach zu wissen, dass ihre Schüler möchten, dass sie ›gerecht und rücksichtsvoll‹ sind. Sie scheinen die Schüler aber zu unterschätzen, was ihre Erwartungen an demokratische Mitwirkung und die Gestaltung der Schule als demokratischer Lerngemeinschaft betrifft. Besonders stark gehen zwischen Lehrern und Schülern offenbar die Vorstellungen darüber auseinander, was eine demokratische Gemeinschaft bedeutet. Die meisten Lehrer verbinden damit vor allem eine stärkere Einhaltung von Schulregeln, die meisten Schüler hingegen eine stärkere Mitwirkung bei der Aufstellung und Durchsetzung von Regeln. Für diese und weitere Befunde sei auf LIND (2002, S. 211 ff.) verwiesen.

4 Moralische Urteils- und Diskursfähigkeit

4.1 Hintergründe

Viele Ergebnisse der modernen moralpsychologischen Forschung legen es nahe, die Existenz von moralischen Fähigkeiten anzunehmen, die tatsächlich beobachtet und gemessen werden können und die für das Verhalten von Menschen eine hohe Relevanz besitzen (LIND, 2002). Schon vor hundert Jahren haben Studien gezeigt, dass die auch heute noch weit verbreitete Annahme nicht stimmen kann, dass ›unmoralisches‹ Verhalten *allein* aus einem Fehlen an moralischen Einstellungen und Werthaltungen resultiert, und wir Moralerziehung daher – vorwiegend oder, wie einige meinen, gar ausschließlich – auf die Vermittlung von moralischen Werten konzentrieren sollten.

Als einer der ersten hat, wie bereits erwähnt, der Berliner Gerichtspsychiater MAX LEVY-SUHL (1912) auf Grund seiner Beobachtungen bei jugendlichen Straftätern Zweifel an dieser Hypothese angemeldet. Im Vergleich mit nicht straffällig gewordenen Jugendlichen zeigte sich, dass Straffällige in der Regel ähnlich hohe moralische Ideale hatten wie die anderen, dass also hier kein Unterschied besteht, der ihre Auffälligkeit erklären könnte. Vielmehr, vermutete LEVY-SUHL, müsse dies mit einer verminderten Verstehensleistung zusammenhängen.

Offenbar direkten Bezug auf die Studien von LEVY-SUHL und anderen hat PIAGET (1973/1932) in Studien über das Spielverhalten bei Kindern genommen und die Beziehung zwischen moralischen Idealen oder Regeln einerseits und Verhalten andererseits zum Gegenstand seiner Forschung gemacht. Dabei hat er unterschiedliche Entwicklungsphasen der moralisch-kognitiven Entwicklung nachgewiesen. Er zeigte damit auch, dass Moral einen kognitiven oder Fähigkeitsaspekt hat, der bis dahin weitgehend übersehen wurde und der für das moralische Verhalten vermutlich ebenso wichtig ist wie ihre affektive Seite (zur Bedeutung des kognitiven oder Fähigkeitsaspekts der Moral sowie seinem Zusammenspiel mit dem affektiven Aspekt siehe auch PIAGET, 1976; 1981).

Aufbauend auf PIAGETS Auffassung hat der amerikanische Sozialpsychologe und Pädagoge LAWRENCE KOHLBERG ein integratives Modell moralischer Entwicklung vorgeschlagen und auf der Grundlage von vielen Studien weiterentwickelt, darunter eine zwanzig Jahre lang durchgeführte Längsschnittstudie mit einer Gruppe von Jugendlichen, die zu Beginn zwischen 10 und 16 Jahre alt waren. KOHLBERG hat dabei zum ersten Mal explizit den Begriff *moralische Urteilsfähigkeit* eingeführt und definiert als

> »das Vermögen, Entscheidungen und Urteile zu treffen, die moralisch sind, das heißt, auf inneren Prinzipien beruhen und in Übereinstimmung mit diesen Urteilen zu handeln« (KOHLBERG, 1964, S. 425; Übersetzung von LIND)

Diese Definition ist sehr bemerkenswert, auch wenn wir sie aus heutiger Sicht für ergänzenswert halten. Sie knüpft durchaus an ältere Definitionen moralischen Verhaltens an, überwindet aber deren Einseitigkeiten und Schwächen. Sie stellt fest,

- dass Moral einen Fähigkeitsaspekt hat und daher nicht bloß auf ihre affektive Seite festgelegt werden kann, dass aber die affektive Bindung an moralische Ideale und Prinzipien sehr wohl eine Voraussetzung für eine entwickelte Moralität darstellt;
- dass Moral auf *inneren* Prinzipien beruht, und nur so, durch die Selbstbindung an *eigene* moralische Ideale wichtige demokratische Fähigkeiten wie Autonomie und Mündigkeit begründen kann;
- und dass Handeln Teil der Definition sein muss, das heißt, dass Moral nicht auf bloße Ideale und Werthaltungen beschränkt bleiben kann, sondern sich im Verhalten manifestieren muss, bevor wir von moralischen Fähigkeiten sprechen können.

Übrigens hatte bereits ein Jahrhundert vor KOHLBERG der für seine Verhaltensbeobachtungen berühmte CHARLES DARWIN ähnliche Überlegungen angestellt, die aber weitgehend unbeachtet und für Psychologie und Pädagogik folgenlos blieben: »Da wir nicht nach den Motiven einteilen können, bezeichnen wir alle Handlungen einer bestimmten Art als moralisch, wenn sie von einem moralischen Wesen ausgeführt werden. Moralisch nennen wir ein Wesen, das imstande ist, seine frühen und künftigen Handlungen oder Motive zu vergleichen und sie zu billigen oder zu verwerfen«. Er stellt zudem fest, dass »die *moralischen Fähigkeiten* ... mit Recht höher geschätzt [werden] als die intellektuellen« (DARWIN, 1966/1874, S. 140, S. 270; meine Hervorhebung GL).

Neben den von Darwin genannten moralischen Fähigkeiten (Handlungen und Motive zu vergleichen und zu billigen oder zu verwerfen) sind in der neueren Forschung weitere Teilfähigkeiten in den Vordergrund gerückt, die für ein moralisch reifes Verhalten vermutlich von noch größerer Bedeutung sind, nämlich die Fähigkeit, gewohnheitsmäßige Lösungen eines Dilemmas bzw. Meinungen dazu auf der Grundlage moralischer Prinzipien neu zu reflektieren und das eigene Verhalten entsprechend zu ändern, sowie mit anderen – auch mit ausgesprochenen Gegnern – in einen freien, moralischen Diskurs über feste Gewohnheiten und Meinungen zu treten (KEASEY, 1973; HABERMAS, 1983). Erst durch die Fähigkeit, moralische Dilemmas auch mit anderen zusammen zu erkennen und auf der Grundlage von moralischen Prinzipien vernünftig und gewaltfrei zu lösen, ist »die Tilgung jener Gewaltverhältnisse [möglich], die in die Kommunikationsstrukturen unauffällig eingelassen sind, und die bewusste Konfliktaustragung und konsensuelle Konfliktregulierung durch intra-psychische ebenso wie durch personelle Sperren der Kommunikation verhindern« (HABERMAS, 1976, S. 34).

4.2 Zur Messung moralischer Fähigkeiten

Wie misst man moralische Kompetenzen? Kompetenzen können »immer nur an ihren greifbaren Äußerungsformen, also anhand von Performanzphänomenen dingfest gemacht werden« (HABERMAS, 1983, S. 198). Aber an welchen Äußerungsformen können wir das tun? Die Antwort auf diese Frage ist nicht einfach. Es hat in der moralpsychologischen Forschung bereits viele Versuche gegeben, die sich als nicht befriedigend herausgestellt haben.

- Zum einen hat man versucht, moralische Kompetenz allein an der Einhaltung äußerer sozialer Normen abzulesen und moralische Fähigkeit so zu definieren, dass sie die Anforderungen der Gesellschaft erfüllen (BREZINKA, 1988, S. 76). So wurde zum Beispiel in den berühmten Studien von HARTSHORNE und MAY (1928, S. 11) über das Betrugsverhalten von Kindern Moral als die Fähigkeit definiert, der Versuchung zu Betrügen zu widerstehen. Es hat sich aber bald herausgestellt, dass solches Verhalten oft stärker von situativen Bedingungen und/oder der Qualität der sozialen Erwartungen abhing als von den moralischen Fähigkeiten des Individuums. Bereits HARTSHORNE und MAY (1928) stellten am Ende selbstkritisch fest, dass »das Wesentliche einer Handlung die ihr zu Grunde liegenden Absichten sind und dieses daher nur beschrieben und verstanden werden kann, wenn man diese menschlichen Aspekte einer Situation berücksichtigt. Nicht die Tat per se konstituiert den Betrug, noch allein die Intention des Handelnden, sondern die Beziehung zwischen der Handlung und seinen Intentionen und den Intentionen der anderen« (S. 377; meine Übersetzung, GL). Auch aus philosophischer Sicht gibt es, wie wir oben gesehen haben, wichtige Einwände gegen die Definition von Moral als bloßer Übereinstimmung mit äußeren Erwartungen und Regelkonformität.

- Zum anderen hat man versucht, Moral allein an den Intentionen und Einstellungen des Handelnden abzulesen und moralische Fähigkeiten als die Bevorzugung bestimmter moralischer Orientierungen und Wertvorstellungen zu definieren. So hat z. B. der amerikanische Psychologe JIM REST vorgeschlagen, die Entwicklung moralischer Kompetenzen mittels eines Fragebogens zu messen, der die Präferenz von Personen für eine prinzipienorientierte Moral erfasst. Der hiermit ermittelte Messwert *P* »zeigt an, in welchem Ausmaß eine Person Prinzipien-Argumente für die wichtigsten hält« (REST & NARVAEZ, 1991, S. 234). Auch andere Forscher sind so vorgegangen (siehe u. a. GIBBS et al., 1992). Diese Äußerungsformen weisen unter bestimmten Bedingungen tatsächlich einen bemerkenswerten Zusammenhang mit Phänomenen auf, die man als Ausdruck moralischer Fähigkeit bezeichnen könnte. Aber die Tatsache, dass Versuchspersonen, wie gezeigt wurde, solche Äußerungen in fast beliebiger Weise simulieren können

(EMLER et al., 1983; EMLER et al., 1998; LIND, 2002) und man solche moralische ›Fähigkeiten‹ schon dadurch vermitteln kann, dass man den Lernenden »direkt beibringt«, was die besseren und was die weniger guten Argumente sind (PENN, 1990), zeigt, dass es sich bei dieser Äußerungsform nicht wirklich um eine Fähigkeit, sondern um eine bloße Einstellung oder Werthaltung handelt. Fähigkeiten können nicht einfach simuliert und durch direkte Instruktion vermittelt werden.

Aus diesen Versuchen lassen sich zwei wichtige Einsichten ableiten: Erstens, Verhalten, das sich beliebig in jede Richtung dirigieren lässt, zeigt keine Fähigkeit an. Zweitens, damit sich bei Menschen Fähigkeiten überhaupt zeigen (und beobachten lassen), bedarf es bestimmter Aufgaben, Schwierigkeiten oder Probleme, zu deren Lösung diese Fähigkeit benötigt wird.

4.3 Der ›Moralisches Urteil‹-Test (MUT)

Wir haben daher in Konstanz einen neuen Weg beschritten, um eine ›greifbare Äußerungsform‹ für moralische Urteils- und Diskursfähigkeit zu erhalten. Alltagserfahrungen und Forschungsbefunde zeigen, dass es Menschen große Schwierigkeiten bereitet, sich auf eine moralische Reflexion oder gar Diskussion über die Richtigkeit ihrer Meinungen zu Problemen einzulassen, besonders aber, Argumente von Menschen mit anderen Meinungen anzuhören und als Anstoß für die Reflexion zu nehmen (KEASEY, 1973). Es scheint eine universelle Tendenz zu geben, sich dagegen zu wehren, die *eigene* Meinung einer Überprüfung nach moralischen Maßstäben zu unterziehen. Viel leichter scheint es uns zu fallen, die Meinungen und Verhaltensweisen anderer Menschen nach moralischen Prinzipien zu beurteilen.

Wir haben daher einen Fragebogen, den *Moralisches Urteil-Test* (MUT), konstruiert, mit dem Versuchspersonen mit einer solchen Aufgabe konfrontiert werden. Die Versuchspersonen werden darin um ihre Meinung zu zwei moralischen Konflikten (z. B. zu einem Fall, in dem ein Arzt aktive Sterbehilfe leisten soll) gebeten und müssen danach mehrere Argumente beurteilen, von denen die Hälfte ihre Haltung stützt und die andere Hälfte ihr widerspricht. Die eigentliche Aufgabe besteht darin, die widersprechenden und die stützenden Argumente konsistent nach ihrer moralischen Qualität zu beurteilen, statt danach, ob sie die eigene Meinung stützen oder ihr widersprechen. Das Muster der individuellen Äußerungen lässt erkennen, ob die Versuchsperson überhaupt moralische Maßstäbe an die Argumente anlegt, die sie beurteilen soll, und ob sie dies auch dann tut, wenn durch die Argumente ihre Meinung kritisiert wird (siehe LIND, 1978; 1985 a; im Druck).

Stufe 1	Das Motiv, eigene körperliche Schäden und Verletzungen (›Strafe‹) zu vermeiden.
Stufe 2	Das Motiv, Vorteile und Vergünstigungen (›Belohnungen‹) zu erlangen, auch wenn dabei gelegentlich Nachteile in Kauf genommen werden müssen.
Stufe 3	Das Motiv, Missbilligung durch andere zu vermeiden bzw. ihre Anerkennung zu erreichen.
Stufe 4	Das Motiv, die Gesetze und Ordnung der Gesellschaft zu achten und zu ihrer Aufrechterhaltung beizutragen.
Stufe 5	Das Motiv, die Regeln freier, demokratischer Willensbildung (Mehrheitsprinzip etc.) zu beachten und die auf ihnen gründenden Verträge einzuhalten.
Stufe 6	Das Motiv, die Würde jedes einzelnen Menschen zu achten und sein Handeln an den universellen Prinzipien der Gerechtigkeit, Vernunft und Logik zu messen.

Abb. 5: Stufen der moralischen Argumentation nach Lawrence Kohlberg

4.3.1 Aufbau des MUT

Um Argumente mit unterschiedlicher *moralischer Qualität* zu erhalten, haben wir bei der Suche nach Argumenten das Stufenschema von Kohlberg und Turiel (1978) verwendet. Sie unterscheiden drei Ebenen und pro Ebene zwei Stufen der moralischen Argumentation: Auf der ›präkonventionellen Ebene‹ die Orientierung des individuellen Urteils an Bestrafung und Gehorsam (Stufe 1) und die Orientierung an instrumentell-relativistischen Werten (Stufe 2); auf der ›konventionellen Ebene‹ die Orientierung an der Zustimmung wichtiger Referenzpersonen (Stufe 3) und die Orientierung an Recht und Ordnung im größeren sozialen Verband (Stufe 4); auf der ›postkonventionellen Ebene‹ die Orientierung am demokratisch zustande gekommenen sozialen Vertrag (Stufe 5) und die Orientierung an allgemein gültigen ethischen Prinzipien wie der Achtung der Würde des Menschen (Stufe 6). Kohlberg hat dieses Stufenschema in leicht veränderter Form mehrfach publiziert und dabei zeitweise auf die Stufe 6 verzichtet. In einer späten Publikation taucht sie jedoch wieder auf (Kohlberg et al., 1986). Die Argumente für den MUT haben wir einerseits teilweise den Interview-Beispielen von Kohlberg und seinen Kollegen entnommen (Colby et al., 1987), andererseits teilweise selbst formuliert und in Voruntersuchungen getestet (im Druck).

Das moralische Urteilsverhalten der Befragten wird zu zwei verschiedenen Fallgeschichten erfasst, dem so genannten *Arbeiter-Dilemma,* bei dem es um einen Gesetzesbruch geht, mit dem Beweise für illegales Abhören sicher gestellt werden sollen, und dem Arzt- oder *Sterbehilfe-Dilemma,* bei dem ein Arzt vor der Entscheidung steht, einer todkranken Frau auf deren Wunsch das Sterben zu ermöglichen.

Nachdem die Befragten Stellung zu der geschilderten Lösung des Dilemmas genommen haben (»War das Verhalten der Arbeiter bzw. des Arztes eher richtig oder eher falsch?«), werden ihnen zu jedem Dilemma also zwölf Argumente vorgelegt, sechs Argumente, die die verschiedenen Kohlberg-Stufen repräsentieren, *für* und sechs *gegen* das fragliche Verhalten. Sie sollen diese Argumente nach ihrer Akzeptabilität bewerten (in der im Jahr 2001 revidierten Fassung sollen sie sagen, wie stark sie die Argumente akzeptieren oder ablehnen), wobei ihnen eine Zahlenskala von ›–4‹ (völlig unakzeptabel) bis ›+4‹ vorliegt.

4.3.2 Testwerte für den affektiven und den kognitiven Aspekt

Um mit dem MUT die Einstellung einer Person zu moralischen Prinzipien *(affektiver Aspekt)* zu messen, wird aus ihren vier Antworten zu jeder Stufe der Mittelwert gebildet.

Um einen Testwert (oder Index) für die moralische Urteilsfähigkeit einer Person zu bekommen, wird ihr gesamtes *Urteilsmuster,* das aus 24 Einzelurteilen besteht, strukturell analysiert. Das Urteilsmuster wird daraufhin untersucht, inwieweit die Person sich bei der Bewertung an der moralischen *Qualität* der vorgegebenen Argumente orientiert hat (also gute Argumente besser bewertet hat als schlechte) oder daran, ob die Argumente die eigene Meinung *stützen* oder ihr *widersprechen.* Der Testwert, wir nennen ihn »C-Wert« (C für »Competence«) wurde so konstruiert, dass er Null ist, wenn die befragte Person moralisch überhaupt nicht zwischen den Argumenten differenziert, sondern alle Argumente unterschiedslos akzeptiert, wenn sie der eigenen Meinung entsprechen, und unterschiedslos ablehnt, wenn sie von einem Gegner kommen. Der C-Wert erreicht den höchstmöglichen Wert von 100, wenn die Person sich bei der Bewertung der Argumente ausschließlich an deren moralischer Qualität orientiert. C-Werte über 50 sind eher selten.

Ein typischer Entwicklungsverlauf, wie er sich im C-Wert widerspiegelt, geht von einer totalen Orientierung an der Meinungskonformität der Argumente zu einer immer stärkeren Orientierung an der moralischen Qualität, wobei der Test nicht festlegt, welche der Kohlberg-Stufen bevorzugt werden müssen. Theoretisch kann ein Befragter die niedrigste Argumentationsstufe bevorzugen und dennoch einen C-Wert von 100 bekommen. Es hat sich jedoch gezeigt, dass ein sehr starker empirischer Zusammenhang zwischen der moralischen Urteilsfähigkeit (C-Werte) und der Bevorzugung einer moralischen Argumentation auf Stufe 5 und 6 (postkonventionelle Prinzipien) besteht.

Mit dieser engen Korrelation zwischen moralischen Einstellungen und moralischer Urteilsfähigkeit wird die lange nicht überprüfbare Hypothese PIAGETS bestätigt, der einen solchen Zusammenhang zwischen Affekt und Kognition vermutet hatte (für Näheres dazu siehe LIND, 2002). Damit kann auch erklärt werden, weshalb auch Tests, die nur moralische Einstellungen messen, wie der Defining-Issues Test von REST (1986), großenteils ähnliche Ergebnisse erbringen wie ein moralischer Fähigkeitstest. Es muss jedoch betont werden, dass dieser Zusammenhang nur unter bestimmten (Forschungs-) Bedingungen zutrifft und nicht immer bestehen muss. Tatsächlich zeigte sich, dass dieser Zusammenhang aufbricht, wenn für die Befragten von den Testwerten etwas abhängt oder wenn Befragte gebeten werden, die Testwerte zu simulieren, worauf ich noch eingehen werde. Dann nämlich zeigen sich deutliche Unterschiede zwischen moralischen Einstellungen, die man leicht an die Erwartungen anderer anpassen kann, und Fähigkeiten, die man nur verbergen, aber nicht künstlich erhöhen kann.

Es muss auch betont werden, dass der MUT entwickelt wurde, um Forschungsfragen zu beantworten und um pädagogische Methoden und Programme zur Förderung der moralischen Urteilsfähigkeit zu evaluieren und nicht für individual-diagnostische Zwecke geeignet ist. Der MUT kann vom Autor für wissenschaftliche Zwecke angefordert werden.

4.3.3 Anwendung des MUT

Für den MUT werden gewöhnlich *keine* Zeitgrenzen vorgegeben; das Ausfüllen der Standardversion mit zwei Dilemmas dauert je nach Untersuchungsgruppe zwischen 10 und 20 Minuten. Bei einer Anwendung mit Zeitgrenzen oder wenn der Befragte aufgefordert wird, möglichst schnell zu antworten, ist mit einer starken Minderung der C-Werte zu rechnen. Die Angaben aus solchen Studien sind nicht direkt mit den anderen Studien vergleichbar.

Dem Befragten wird zunächst kurz erklärt, dass er oder sie zu Problemen Stellung nehmen und dann Argumente bewerten soll. Unter Umständen muss auch das Beantworten von Zahlenskalen erklärt und anhand eines Beispiels geübt werden. Der MUT kann als Gruppentest (z. B. in einer Schulklasse) dargeboten werden oder postalisch verschickt werden.

Bei Kindern und Jugendlichen und bei Personen mit geringen Erfahrungen mit Fragebogen und/oder geringem Bildungsstand wird die Darbietung des MUT manchmal auch etwas abgewandelt, um das Ausfüllen zu erleichtern:

- Die Schrift wird vergrößert und der Test über mehr Seiten verteilt, aber möglichst so, dass immer sechs Argumente auf derselben Seite zu stehen kommen.

- Die Antwortskala wird von neun Punkten auf fünf verringert (von ›–2‹ bis ›+2‹).
- Der Test wird individuell dargeboten; ggf. wird beim Ausfüllen geholfen, aber so, dass kein Einfluss auf die Antwort des Befragten genommen wird.

Von keiner dieser Änderungen ist ein wesentlicher Einfluss auf den Testwert zu erwarten. Vergleiche mit *anderen* Untersuchungen sollten dennoch vorsichtig interpretiert werden; experimentelle Studien zur Vergleichbarkeit liegen noch nicht vor. In Ergebnisberichten sollte auf solche Änderungen (auch auf Zeitdruck) immer hingewiesen werden.

4.4 Empirische Belege für die Annahme eines Fähigkeitsaspekts im moralischen Verhalten

Gibt es auf dem Gebiet der Moral *Fähigkeiten* oder handelt es sich dabei um ein bloßes theoretisches Konstrukt, das sich nicht beobachten oder sonst wie nachweisen lässt? Lange ließ sich nur negativ argumentieren: Daraus, dass bei vielen Menschen zwischen moralischen Einstellungen und Verhalten nur eine geringe oder gar keine Beziehung besteht, ließ sich folgern, dass es wohl etwas geben müsste, was die Lücke zwischen beiden überbrückt, eine Fähigkeit zum moralischen Urteilen und Handeln eben. Damit war aber noch nicht positiv der Beweis erbracht, dass es eine solche Fähigkeit gibt. Mit dem MUT haben wir ein Instrument entwickelt, das den Anspruch erhebt, den Fähigkeitsaspekt des moralischen Urteilsverhaltens messbar und damit nachweisbar zu machen. Wie lässt sich dieser Anspruch belegen?

Natürlich lässt sich ein solcher Anspruch nicht mit einem einzigen Experiment belegen oder widerlegen; dafür sind oft mehrere Untersuchungen notwendig. Dennoch schien es uns möglich, diesen Anspruch einer strengen experimentellen Prüfung zu unterziehen. Die Idee zu einem geeigneten Versuchsaufbau zur Beantwortung dieser Frage stammt von NIKLAS EMLER und seinen Kollegen (EMLER et al., 1983). Diese haben ihre Untersuchungsgruppe, alles Studierende, zunächst gemäß ihrer eigenen Angaben in drei Gruppen aufgeteilt, Studierende mit linken, neutralen und rechten politischen Haltungen. Dann wurde ihnen der schon erwähnte Defining-Issues-Test (DIT) von REST (1986) zum Ausfüllen vorgelegt.

Der DIT enthält auch mehrere Dilemmas; zu jedem Dilemma werden dem Befragten mehrere Aussagen (›Issue statement‹) vorgelegt, die verschiedene Kohlbergstufen thematisieren, u. a. mit der Bitte, diese in eine Rangreihe der Wichtigkeit zu bringen. Aus den Rangreihen der Stufen wird dann für jede Person ein so genannter P-Wert berechnet, der von 0 bis 100 (oder 95) variieren kann und der anzeigt, für wie wichtig er oder sie moralische Prinzipien hält (Rest, 1979; Rest et al., 1999). Der DIT ist also der Absicht wie dem Aufbau nach ein moralischer Einstellungstest, auch wenn manchmal beansprucht wird, damit moralische Kompetenzen zu messen.

Dieser erste Teil des Versuchs zeigte, dass die politische Grundhaltung der Versuchspersonen mit ihren moralischen Einstellungen korrelierte: ›Linke‹ Studierenden erhielten deutlich höhere P-Werte als ›rechte‹ Studierende (die neutralen Studierenden lagen erwartungsgemäß dazwischen; sie sollen hier nicht weiter interessieren).

Emler vermutete, dass es so etwas wie eine moralische Urteilsfähigkeit gar nicht gibt, sondern dass es sich dabei nur um moralische Einstellungen handelt, die je nach Zugehörigkeit zu einem politischen Lager mal so oder anders sein kann. Daher hat er den Versuchspersonen den DIT nochmals zum Ausfüllen vorgelegt, jetzt aber mit der Instruktion, den Test so auszufüllen, wie es eine Person mit der *entgegengesetzten* politischen Haltung tun würde. Sollte es den Versuchspersonen möglich sein, ihr Urteilsverhalten in jeder gewünschten Richtung zu simulieren, dann, so Emler, sei der Beweis erbracht, dass es sich dabei nicht um den Ausdruck einer Fähigkeit handelt. Kritisch hierfür ist natürlich die Simulation von Testwerten, die *über* den eigenen Werten liegen. Die Simulation von niedrigeren Werten spricht nicht gegen die Fähigkeitstheorie.

Das Ergebnis des Emler-Experiments wird in Abbildung 7 dargestellt. Es zeigt, dass es in der Tat möglich ist, den DIT-Messwert in beide Richtungen zu simulieren, also auch nach ›oben‹. Die Gruppe der ›rechten‹ Studenten, die in der ersten Runde niedrige P-Werte erhielten, konnten ihren P-Wert auf das Niveau der ›linken‹ Studenten steigern, die sie gemäß der Instruktion im Experiment simulieren sollten. Dass die ›linken‹ Studierenden ähnlich gut ihre Werte nach unten simulieren konnten, ist hier nebensächlich. Emler et al. (1983) zogen aus diesem Ergebnis zwei Schlüsse: a) Es gibt keine moralischen ›Fähigkeiten‹ und b) der DIT ist nicht geeignet, solche Fähigkeiten zu messen. Damit schien bewiesen, dass Moral bloß eine Sache der Einstellung ist und wir daher auch in der Erziehung nur auf eine Einstellungsänderung hinwirken können. Aber die Autoren übersahen, dass der erste Schluss ungültig ist, wenn auch der zweite zutrifft, was von Rest ebenfalls eingeräumt wurde (Rest et al., S. 115).

Wir haben dieses Experiment daher mit dem MUT nachgestellt, der – anders als der DIT – einen Messwert für moralische Urteilsfähigkeit liefert. Auch hierbei wurden wieder Studierende untersucht, die in Gruppen gemäß der von ihnen selbst angegebenen politischen Haltung aufgeteilt wurden, und auch hier wurde der Test zweimal dargeboten, zum einen ohne besondere Instruktion zur Ermittlung der eigenen Testwerte, zum anderen mit der Instruktion, die Perspektive des politischen Gegners zu übernehmen (zu weiteren Details siehe Lind, 2002).

Das Ergebnis unseres Experiments ist in Abbildung 6 dargestellt. Im Unterschied zu dem Emler-Experiment mit dem DIT haben die Versuchs-

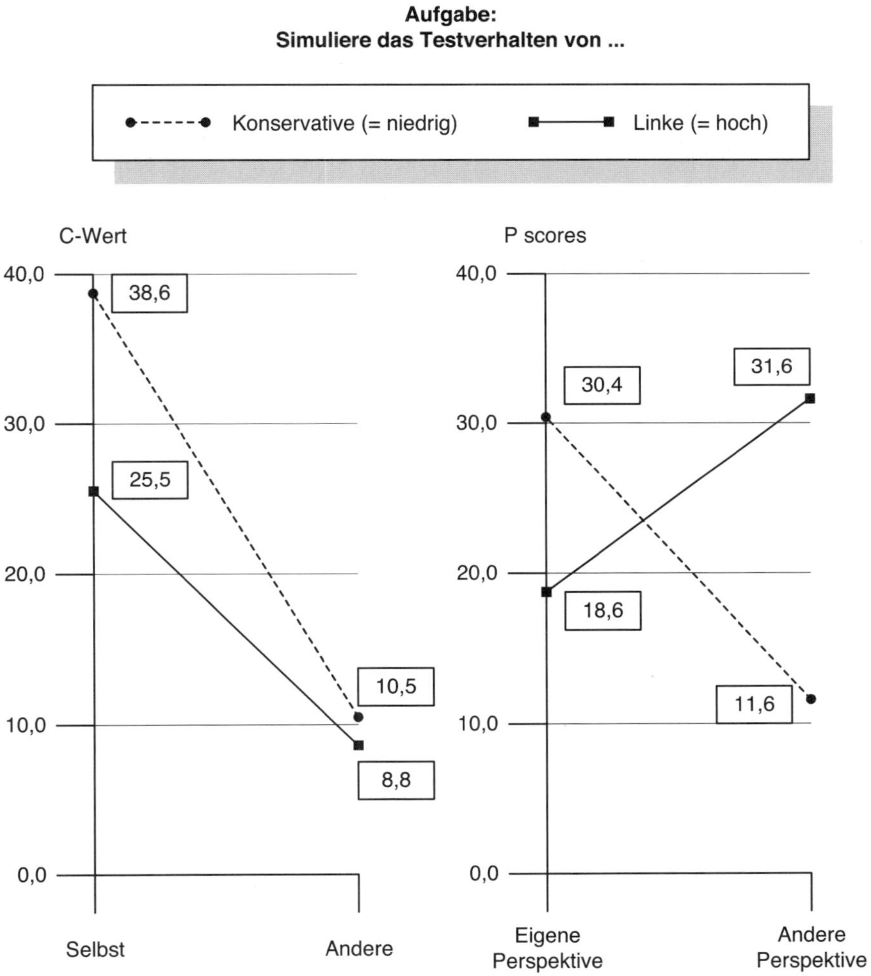

Abb. 6: Kann man eine ›höhere‹ moralische Urteilsfähigkeit als die eigene simulieren? (Lind-Experiment)

Abb. 7: Kann man ›höhere‹ moralische Ideale als die eigenen simulieren? (Emler-Experiment)

personen es diesmal nicht geschafft die Testwerte in beide Richtungen zu simulieren. Vor allem ist es ihnen nicht gelungen, einen höheren C-Wert zu erhalten, als in der ersten Test-Runde. Im Gegenteil, ihre Testwerte in der Simulationsaufgabe lagen immer unter denen, die sie selbst zuvor erreicht hatten. Damit ist der Schluss von Emler et al. (1983) widerlegt, das moralische

Urteilsverhalten sei bloß Ausdruck einer (politischen) Einstellung und nicht einer Fähigkeit. In einem weiteren Experiment mit dem MUT hat WASEL (1993) mit einem abgewandelten Experiment unseren Befund erneut bestätigt. Er zeigte überdies, dass die Genauigkeit der Simulation hoch mit dem Niveau der eigenen moralischen Urteilsfähigkeit korreliert. Beide Experimente belegen damit, a) dass es moralische Urteilsfähigkeit gibt, und b) dass man sie mit dem MUT messen kann.

Wir wissen also jetzt, dass moralische Urteilsfähigkeit existiert und anhand von Urteilsverhalten gemessen werden kann. Dieser Befund allein ist schon wichtig für die pädagogische Frage, ob es sinnvoll ist, auf dem Gebiet der Moral Fähigkeiten zu fördern. Immerhin wird mit dem MUT ein wichtiges Verhalten, nämlich der Umgang mit moralischen Argumenten in kontroversen Situationen erfasst. Dennoch interessiert uns die weitergehende Frage, ob die hier in einer sehr spezifischen Situation beobachteten moralischen Kompetenzen auch Relevanz für die Lösung von Aufgaben und Problemen in anderen Situationen und Lebensbereichen haben.

4.5 Die Bedeutung der moralischen Urteilsfähigkeit für andere Verhaltensbereiche

Für die Beantwortung dieser Frage stützen wir uns auf Untersuchungen, die mit dem Moralischen-Urteil-Interview (Moral Judgment Interview, MJI) von KOHLBERG und seinen Mitarbeitern (COLBY et al., 1987) oder mit unserem MUT durchgeführt wurden. Dabei gehen wir von der Annahme aus, dass das MJI ähnlich wie der MUT moralische Fähigkeiten misst, wenn auch auf andere Weise. DIT-Studien werden hier nicht berücksichtigt, weil, wie wir oben gesehen haben, der DIT ein reiner Einstellungstest ist, auch wenn dessen P-Wert unter bestimmten Bedingungen mit Fähigkeitstestwerten hoch korrelieren kann. Weiterhin stütze ich mich nur auf Untersuchungen, in denen wirkliches Verhalten erfasst wurde und nicht bloß die *Absicht* zu handeln. Von den verbleibenden Studien wiederum berichte ich hier nur exemplarisch über solche, die besonders gut angelegt waren. Dazu stelle ich ein paar Pilotstudien vor, die in bislang wenig beachtete Bereiche vorstießen. Da diese Studien bereits an anderer Stelle ausführlich dargestellt wurden (KOHLBERG, 1984; LIND, 2002; SPRINTHALL et al., 1994), beschränke ich mich hier jeweils auf eine Zusammenfassung.

4.5.1 Prosoziales Verhalten, Zivilcourage und Widerstand gegen falsche Autorität

Ist moralische Urteilsfähigkeit für hilfsbereites oder prosoziales Verhalten wichtig? Zu dieser Frage hat SHARON MCNAMEE (1977) eines der aufschlussreichsten Experimente beigesteuert. Sie hat Versuchspersonen gebeten, an einem Laborexperiment zum Thema Lernen teilzunehmen. Der eigentliche Versuch beginnt jedoch schon, während die Versuchsteilnehmer auf ihren Aufruf warten. Plötzlich geht die Tür zum eigentlichen Labor auf und ein Mann kommt heraus und bricht vor den Wartenden zusammen. Er ist völlig leblos. Der Versuchsleiter kann das Wartezimmer durch so genannte Einwegspiegel einsehen und beobachten, wie die Wartenden auf den Vorfall reagieren. Sie reagieren unterschiedlich. Ein Teil steht auf und versucht zu helfen; ein Teil bleibt regungslos sitzen. Vorher, bei einer anderen Gelegenheit wurden die Versuchspersonen mit dem Kohlberg-Interview befragt, ohne dass für sie ein erkennbarer Zusammenhang mit dem Hilfeexperiment bestand.

Die Analyse der Beobachtungen ergab einen sehr deutlichen Zusammenhang zwischen der moralischen Urteilsfähigkeit der Versuchspersonen und ihrem Verhalten in dem Experiment. Während von den Versuchspersonen mit niedriger moralischer Urteilsfähigkeit (Kohlbergs Kompetenzstufe 2) nur etwa 20 Prozent zu helfen versuchten, stieg dieser Anteil von Stufe zu Stufe an. Auf den Stufen 5 und 6 waren es über 80 Prozent, die zu helfen versuchten. Dies zeigt, dass moralische Urteilsfähigkeit offenbar wichtig ist für das prosoziale Verhalten von Menschen.

Die weitere Analyse und das Nachfragen bei den Versuchsteilnehmern brachte weiteren Aufschluss. Zum einen zeigt sich, dass (mit Ausnahme der Stufe-2-Teilnehmer) alle eine sehr hohe Hilfsbereitschaft hatten, d. h., dass ihre *Absicht* zu helfen sehr groß war. Für viele bestand demnach eine Kluft zwischen der Absicht und der Ausführung des Hilfeverhaltens. Diese Kluft wurde mit steigender Moralkompetenz geringer. Warum? Nachfragen ergaben, dass sich beide Gruppen ähnliche Gedanken machten, als sie mit dem (gespielten) Zusammenbruch konfrontiert waren: Sie sahen eine Notwendigkeit zu helfen, sie wollten zumeist auch helfen und sie sahen sich mit verschiedenen Gedanken konfrontiert, die für und gegen ein Helfen in dieser Situation sprachen: Warum ist der Mann zusammen gebrochen? Ist er krank oder gar tot? Was kann ich tun? Können die anderen im Raum vielleicht besser helfen? Was passiert, wenn ich etwas falsch mache?

Der offenkundigste Unterschied zwischen beiden Gruppen bestand darin, dass diejenigen, die schließlich etwas unternahmen, es schneller schafften, die widerstreitenden Überlegungen zu klären und zu einer Entscheidung zu kommen, als die Gruppe, die regunglos sitzen blieb. Ihr Nichtstun war offenbar nicht die Folge einer bewussten Entscheidung gegen das Helfen auf Grund antisozialer Motive, sondern die Folge einer Unfähigkeit, die inneren Dilemmas zu lösen, die durch den Vorfall ausgelöst wurden.

Für eine solche Interpretation spricht auch das Experiment von Karl-Josef Mansbart (2001), in dem Versuchspersonen so schnell als möglich entscheiden sollten, wie am Computermonitor dargebotene moralische Dilemmas gelöst werden sollten. Mansbart erhob außerdem bei den Teilnehmern die moralische Urteilsfähigkeit und Informationen über ihre Motivation, sich in solchen Situationen schnell zu entscheiden. Das Ergebnis war: Die Schnelligkeit der Entscheidung in dieser Situation (in Sekunden) war deutlich stärker vom Entwicklungsgrad der moralischen Urteilsfähigkeit der Versuchsteilnehmer abhängig als von ihrem Wunsch, in dieser Situation eine Entscheidung zu treffen. Natürlich ist die Schnelligkeit einer Entscheidung nicht immer ein guter Hinweis für Entscheidungsfähigkeit; manchmal fühlen sich Menschen aus sozialen Gründen genötigt, eine Entscheidung zu treffen, bevor sie alle dafür wichtigen Probleme gelöst haben. Im Experiment von MANSBART bestand ein solcher sozialer Druck nicht; man kann annehmen, dass die Versuchsteilnehmer erst dann ihre Meinung abgegeben haben, wenn sie sich ihrer Sache sicher waren.

Wir können aus diesen beiden Experimenten schließen, dass Menschen dann moralisch gute Entscheidungen treffen, wenn sie a) die Fähigkeit haben, widerstreitende moralische Anforderungen (Dilemmas) zu lösen, und b) die dafür erforderliche Zeit haben. Man kann also sagen, dass eine gute Entscheidung um so mehr von einer entwickelten moralischen Urteilsfähigkeit abhängt, je mehr sie unter Zeitdruck zu treffen ist. Vermutlich wären noch weitere Versuchsteilnehmer im McNamee-Experiment aufgestanden um zu helfen, wenn der Versuch mehr Zeit dafür gelassen hätte. Das Experiment war aber insofern realitätsnah, als wir oft mit Situationen konfrontiert sind, in denen Entscheidungen schnell zu treffen sind (weil sonst, wie in diesem Fall, die Hilfe zu spät kommen kann). Menschen, die ihre Entscheidungskonflikte nicht ganz schnell lösen können, sind deshalb aber nicht weniger moralisch. Sie haben, wie diese und andere Studien belegen, dieselben hohen moralischen Ideale, sie sind ebenso *hilfsbereit* und können auch wirklich helfen, wenn entweder mehr Zeit zur Verfügung steht, oder sie - anders als in dem McNamee-Experiment - die einzigen sind, die helfen können.

Aus diesen Experimenten folgt für die Pädagogik, dass es sich kaum lohnt, bei Kindern die Hilfemotivation zu fördern. Bei den meisten ist sie bereits vorhanden und durch eine weitere Stärkung der Motivation wird nicht mehr hilfreiches Verhalten erzeugt. Wichtig und lohnenswert hingegen scheint es, die moralische Urteilsfähigkeit zu fördern, da sie den Kindern hilft, sich in komplexen Situationen, in denen widersprüchliche moralische Anforderungen auf sie einstürmen, schneller zurecht zu finden und Dilemmas aufzulösen.

4.5.2 Die Vermeidung von unerwünschtem Verhalten (Betrug, Gewalt, Vandalismus)

Abweichendes Verhalten »ist keine Krankheit, die ein Individuum befällt, sondern ein Ausdruck der ganzen Person, wie sie aktiv, aber erfolglos versucht, mit ihrer Umwelt klar zu kommen. Menschen, die sich unangemessen verhalten, brauchen Hilfe, um die Mittel für eine effektive Teilnahme am Leben in einer Gemeinschaft zu entwickeln«, schreibt der Sozialforscher L. PHILLIPS (1967, S. 232; eigene Übersetzung). Auch hier wieder scheint eine wichtige Hilfe darin zu bestehen, Fähigkeiten zum moralischen Urteil und Diskurs zu vermitteln. Die meisten Menschen, so unsere These, scheinen nicht deshalb zu Mitteln der Gewalt und des Rechtsbruchs zu greifen, weil ihnen moralische Werte fehlen oder sie gar anti-moralische Werte haben, sondern weil ihnen die Fähigkeit fehlt, ihre eigenen Moralprinzipien zu erkennen und in angemessenes Verhalten zu übersetzen.

Belege für diese These finden sich zum einen in Studien, in denen Versuchspersonen – ähnlich wie in den Studien von HARTSHORNE und MAY (1928) – in Versuchung gebracht wurden, in Klassenarbeiten oder Klausuren zu schwindeln. In mehreren solchen Studien wurde ein negativer Zusammenhang gefunden: Je höher die moralische Urteilsfähigkeit der Teilnehmer, umso geringer war der Anteil derer, die betrogen haben (SPRINTHALL et al., 1994; KOHLBERG, 1984). Bei der Erprobung der Methode der Dilemmadiskussion haben wir zudem herausgefunden, dass dadurch nicht nur das Niveau der Urteilsfähigkeit bei Schülern gesteigert, sondern das Niveau an Regelverstößen gesenkt werden konnte (LIND, 2002).

Schließlich konnte in breit angelegten Untersuchungen bei Studierenden festgestellt werden, dass moralische Urteilsfähigkeit positiv mit demokratischen Werten und der Ablehnung von Gewalt verbunden ist (HAAN et al., 1968). Wir haben diesen Zusammenhang in einer unveröffentlichten Studie mit deutschen Studierenden bestätigt gefunden.

Natürlich gilt auch hier wieder, dass dieser Zusammenhang nicht bei allen Menschen anzutreffen ist. Aber er wurde bei so vielen angetroffen, dass wir uns in der Auffassung bestätigt sehen können, dass moralische Urteilsfähigkeit ähnlich wie beim Hilfeverhalten auch bei der Frage, ob soziale und gesetzliche Normen eingehalten werden (können!), eine wichtige Rolle spielt und somit die Förderung dieser Fähigkeit eine wirksame Vorbeugung gegen Gewalt und Kriminalität und ein Schutz der Demokratie darstellen kann (LIND, 1994; 1998).

4.5.3 Moral- und Lernfähigkeit

Moralische Urteilsfähigkeit scheint aber, wie neuere Befunde zeigen, noch auf eine viel direktere Weise für Bildungsprozesse relevant zu sein. Es scheint, dass moralische Urteilsfähigkeit eine wichtige Voraussetzung für effektives Lernen ist. Bereits Anfang der achtziger Jahre zeigte HEIDBRINK (1983), dass Schüler, die im MUT hohe C-Werte erhielten, in einem Lernexperiment deutlich mehr Informationen behalten konnten als Schüler mit niedrigen C-Werten.

Mehr zufällig habe ich weitere Bestätigungen für diesen Zusammenhang gefunden. In einer kleinen Studie wurde Lehrerinnen und Lehrern, die an einer Fortbildungsmaßnahme teilnahmen, der MUT sowie ein Fragebogen zu ihrem Unterrichtsverhalten und zur Bewertung des Kurses vorgelegt. Es zeigte sich, dass ein bestimmtes Niveau an moralischer Urteilsfähigkeit notwendig zu sein scheint, um eine Fortbildung hinsichtlich ihres Lerngewinns voll auszuschöpfen, aber auch um neue Elemente im eigenen Unterricht auszuprobieren und sich dabei über die Schulter schauen (also supervisieren) zu lassen. Stellvertretend für mehrere übereinstimmende Befunde ist unten der Zusammenhang dargestellt zwischen der Frage, ob man schon einmal ›Peer-Teaching‹ ausprobiert hat, und den C-Werten im MUT. Es scheint, dass man sich an diese wichtige Lehrmethode heranwagt, wenn man ein hohes Niveau an moralischer Konfliktlösefähigkeit besitzt.

Dieser Zusammenhang zwischen moralischer Urteilsfähigkeit auf der einen Seite und Lernen auf der anderen, erscheint nur verblüffend, wenn man zwischen beiden Seiten des menschlichen Verhaltens eine klare, dingliche Trennung zieht. Sie erscheint weniger überraschend, wenn man sich darauf besinnt, dass Lernen meist in sozialen Kontexten stattfindet und – neben mentalen Fähigkeiten – in hohem Maße Anforderungen an den Lernenden bezüglich seiner affektiv-moralischen Kompetenzen stellt (Piaget, 1981; Goleman, 2000). Ungelöste moralische Konflikte können sich, so scheint es, sehr hinderlich für effektives Lernen erweisen. Solche Fälle treten zum Beispiel ein, wenn der Lernende sich vom Lehrer ungerecht behandelt fühlt oder wenn der zu lernende Stoff (wie zum Beispiel die moderne Molekularbiologie) moralische Probleme aufwirft, die weitgehend ungelöst sind oder unlösbar erscheinen.

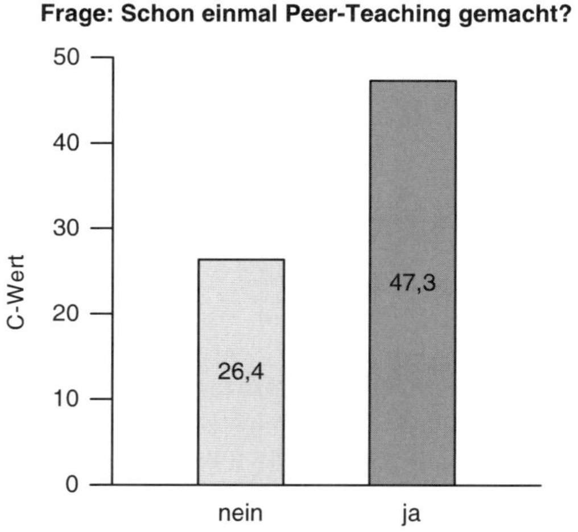

Abb. 8: Moralische Urteilsfähigkeit als Bedingung für Peer-Teaching

5 Bildung als zentraler Förderungsfaktor der Moral

5.1 Was die Moral voranbringt: Gene, sozialer Zwang – oder Bildung?

Bei dem Thema, was unser Bildungssystem zur Förderung der Moral beitragen kann, wird immer wieder die Frage aufgeworfen, wodurch diese bestimmt ist: Durch eine genetisch gesteuerte Entwicklung des Menschen oder durch sozialen Zwang – oder durch etwas Drittes? Wir haben am Anfang dieses Buches gesehen, dass die Antwort auf diese Frage äußerst wichtig für die Frage ist, was Bildungsinstitutionen tun können und wie sie Moral fördern sollten. An anderer Stelle habe ich anhand einer Vielzahl von Studien eine Antwort auf diese Fragen gesucht und bin dabei zu dem Schluss gekommen, dass weder genetische Faktoren noch sozialer Zwang ausreichen, die Entwicklung moralischer Fähigkeiten zu erklären, und dass Erziehungstheorien, die sich auf diese Erklärungen stützen, kaum geeignet sind, effektive Methoden der moralischen Bildung zu begründen (LIND, 2002). Ich möchte hier einige der zentralen Befunde darstellen, um meine These zu untermauern.

In Folge von DARWINS Evolutionstheorie haben viele geglaubt, dass nicht nur physiologische Merkmale des Menschen, sondern auch ein Großteil seiner psychischen Dispositionen durch Erbanlagen bestimmt sei. Auch wenn Erbanlagen gewiss auch hier eine Rolle spielen können, erscheint die Aussage, all unsere Fähigkeiten seien ebenso genetisch festgelegt wie zum Beispiel unsere Haarfarbe, allen Erfahrungen zu widersprechen. Auch die Entwicklungspsychologie hat sich lange an dieser Vorstellung orientiert. Zwar ging man davon aus, dass das menschliche Verhalten nicht völlig durch die Gene determiniert ist, sondern dass die Umwelt – ähnlich wie bei Pflanzen – sich fördernd oder hemmend auf das Wachstum auswirken kann. Das beste, was Erziehung demnach tun kann, ist, das Kind wachsen zu lassen und es vor schädlichen Einflüssen aus der sozialen Umwelt zu schützen. Einige gingen etwas weiter und nahmen an, dass Einflüsse der Umwelt nicht nur schädlich sein können, sondern dass sie auf die Entwicklung von Fähigkeiten durchaus stimulierend wirken können, dass aber der Verlauf der Entwicklung grundsätzlich genetisch vorgegeben ist. So nahmen KOHLBERG und REST unter Berufung auf PIAGET an, dass die moralische Entwicklung sich in einer bestimmten Reihenfolge bewegt und daher weitgehend altersabhängig ist (KOHLBERG, 1984, S. 14; REST, 1986, S. 106). Eine hohe positive Korrelation gilt ihnen als eines der wichtigsten Kriterien bei der Frage, ob ihre Messinstrumente richtig messen. Für die Pädagogik hieße dies, dass wir sehr zuversichtlich sein können, dass das einmal erreichte Fähigkeitsniveau der Kinder immer erhalten bleibt, unabhängig von dem Stand, den die Kinder beim Abschluss der Schule erreicht haben.

Lange Zeit schienen alle Studien auf eine Bestätigung dieser Annahme hinzudeuten. KOHLBERG sowie REST befragten über einen langen Zeitraum wiederholt dieselben Jugendlichen mit Hilfe ihrer Tests und fanden einen stetigen Aufwärtstrend der Messwerte. Auch in unserer Längsschnittstudie bei Studierenden vom Abitur bis in das Berufsleben hinein fanden wir die genetische Entwicklungstheorie KOHLBERGS gut bestätigt. Regressionen (also Rückentwicklungen) wurden nur sehr selten beobachtet. Ihr Auftreten schien im Rahmen von Messfehlern zu liegen. Die Ergebnisse dieser drei Studienreihen sind unten dargestellt, wobei einige Messpunkte, die das Bild abrunden, nicht den Längsschnittuntersuchungen entstammen, sondern unabhängigen Studien. Die Ergebnisse der Untersuchungen wurden vergleichbar gemacht, indem die jeweiligen Skalen auf eine gemeinsame Skala von 0 bis 100 projiziert wurden. Bei der MUT-Studie änderte sich dadurch nichts; die DIT-Studien wurden von einer 95-Punkte-Skala auf eine 100-Punkte-Skala umgerechnet; die Kohlberg-Daten von einer Skala von 100 bis 500 in eine 100-Punkte-Skala transformiert. Auch wenn die Vergleichbarkeit des Niveaus der Entwicklungsverläufe wegen der Verschiedenartigkeit der Tests eingeschränkt ist, so zeigt sich doch ein erstaunlich gleichförmiger Verlauf.

Die Deutung der Befunde als Bestätigung für die unveränderliche Abfolge der Moralentwicklung und damit für den genetischen Ansatz, hat jedoch übersehen, dass die Teilnehmer an diesen Studien sich weitgehend auf den Teil der Jugendlichen beschränkten, die einen College- oder Hochschulabschluss anstrebten, die also unser Bildungssystem ausgiebig nutzen konnten. Der größere Teil der Jugendlichen, die bereits nach der neunten oder zehnten Klasse ihre Bildung abschlossen, war in diesen Studien kaum oder gar nicht repräsentiert. Somit stellte sich die Frage, ob die beobachtete, ständige Aufwärtsentwicklung tatsächlich einem Alterstrend entsprach oder aber den fördernden Einfluss unseres Bildungssystem widerspiegelt. Im Jahr 1990 bot das Umfrageinstitut EMNID mir an, jenen Teil der Jugendlichen mit dem MUT zu befragen, die früh das Bildungssystem verlassen haben, nämlich Haupt- und Realschulabsolventen. Das Ergebnis dieser Studie, bei der Befragte verschiedenen Alters nicht wiederholt, sondern gleichzeitig befragt wurden, macht deutlich, dass es sich bei der stetigen Aufwärtsentwicklung in den obigen Studien nicht um einen rein altersbedingten Effekt handeln kann. Wir sehen in dieser Untersuchung nämlich, dass die moralische Urteilsfähigkeit auch abnehmen kann. Während es im letzten Schuljahr noch einen Anstieg der C-Werte zu geben scheint, nehmen diese zunächst ein wenig und später immer rasanter ab. Wir sehen hier eine typische Kurve vor uns, wie sie für das Verlernen einer Fähigkeit typisch ist, die nicht so weit gefördert wurde, dass Selbstlernprozesse die weitere Förderung übernehmen können. Solche Selbstlernprozesse setzen – im statistischen Mittel – offenbar erst ab einem bestimmten Niveau der Allgemeinbildung ein, das, so scheint es, in Deutschland mit dem Erreichen des Vordiploms und in den USA mit dem Collegeabschluss erreicht ist (LIND, 2002; REST, 1986; REST & THOMA, 1985; REST & NARVAEZ, 1991). Es zeigt sich nämlich, dass die moralische Entwicklung danach weiter geht, auch wenn die stützenden Bildungsprozesse ganz oder teilweise wegfallen.

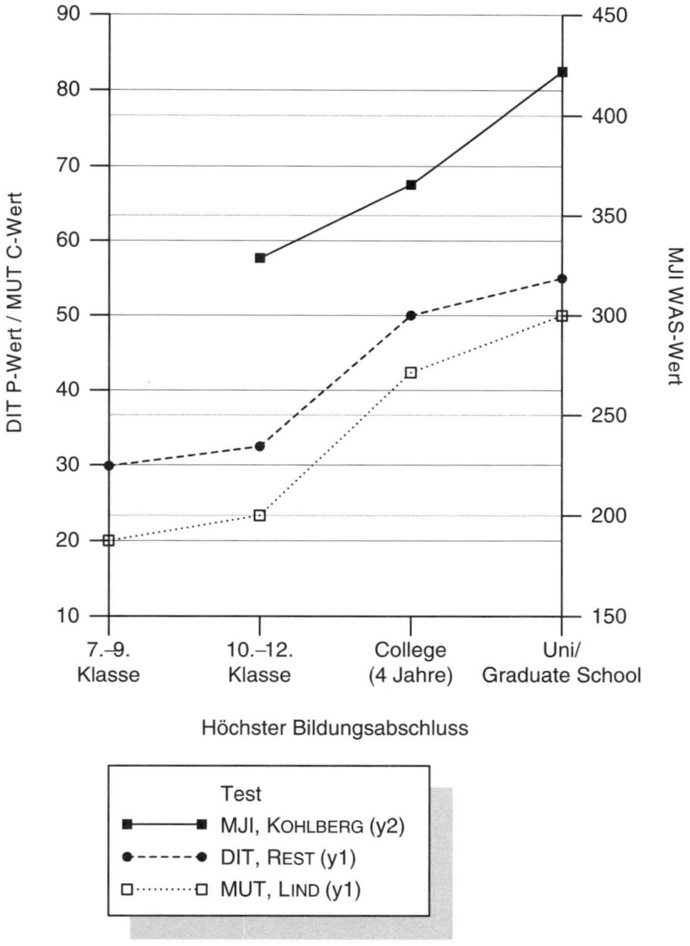

Quellen:
MJI: COLBY, A. & KOHLBERG, L. (1987), S. 109
MUT: LIND, G. (1993), S. 251–252
DIT: REST, J. (1979)

Abb. 9: Moralische Entwicklung: Drei Längsschnittstudien

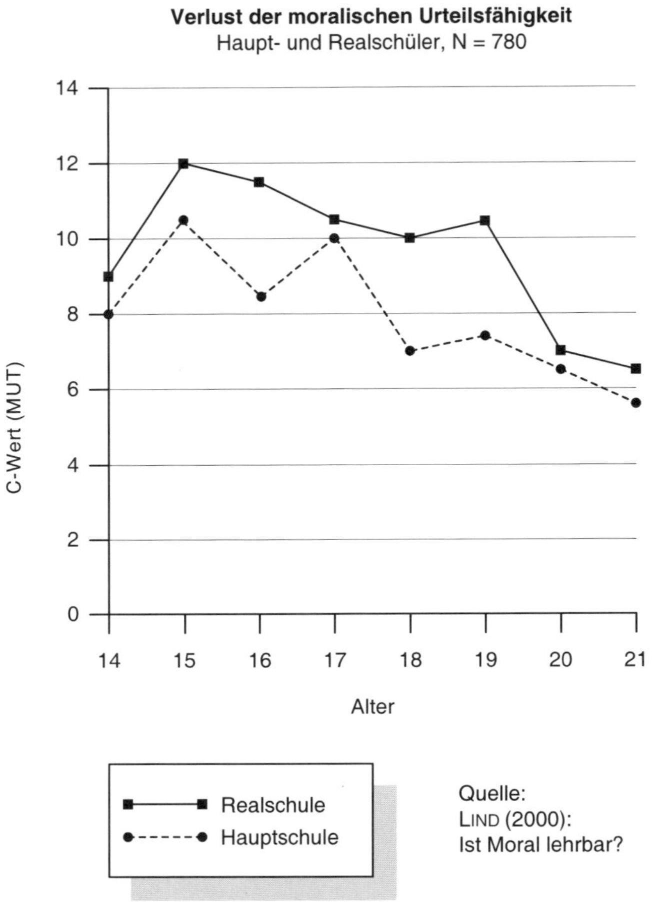

Abb. 10: Regression der moralischen Urteilsfähigkeit

5.2 Entscheidende Faktoren der Lernumwelt: Gelegenheiten zur Verantwortungsübernahme und angeleiteten Reflexion

Nachdem wir unübersehbare Belege dafür haben, *dass* allgemeinbildende Institutionen einen wichtigen – vielleicht den wichtigsten – Faktor bei der Entwicklung moralischer Fähigkeiten darstellen (LIND, 2002), wäre es wichtig zu wissen, *welche* Elemente dieser Lernumwelten genau für diesen Effekt verantwortlich sind. Es gab dazu lange nur sehr vage Hinweise, die für eine bildungspolitische Beratung wenig Anhaltspunkte boten. KOHLBERG (1984) vermutete, dass aus theoretischer Sicht die Gelegenheiten zur Rollenübernahme, die eine Institution bot, eine wichtige Rolle spielen könnten. NORMAN SPRINTHALL erweiterte und präzisierte diese Vermutung, indem er auf Grund seiner Erfahrungen mit Lehrerbildung vermutete, dass die Übernahme von wirklicher Verantwortung (nicht das bloße Spiel einer Rolle) in Zusammenhang mit Gelegenheiten zur angeleiteten Reflexion wesentlich seien (SPRINTHALL et al., 1993).

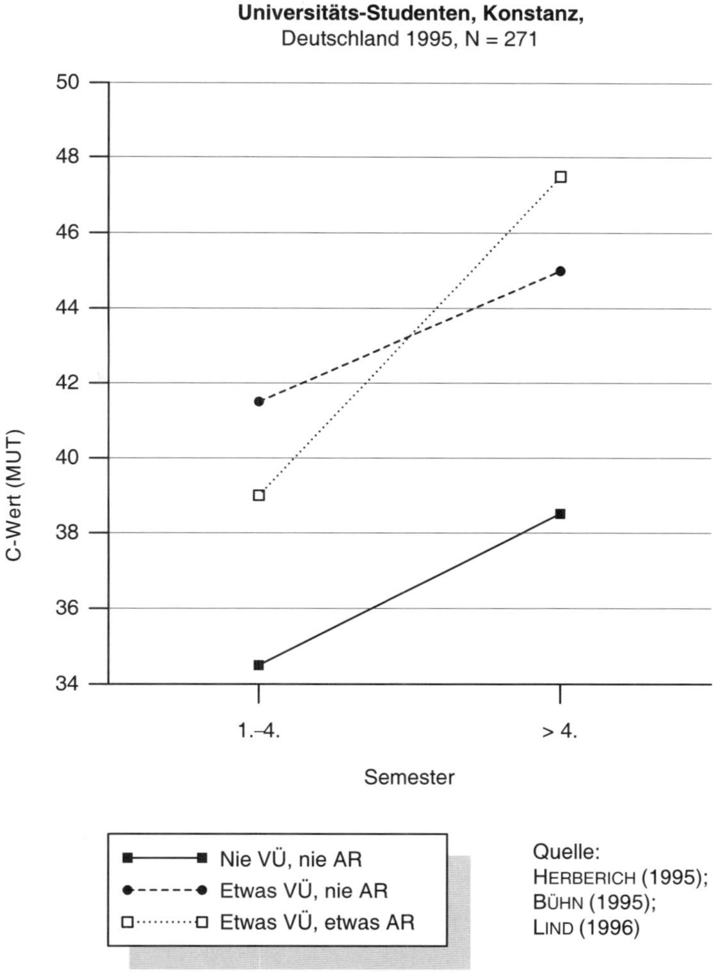

Abb. 11: Gelegenheiten zur Verantwortungsübernahme (VÜ) und angeleiteten Reflexion (AR) für die Entwicklung der moralischen Urteilsfähigkeit

Um diese Vermutungen prüfen zu können, haben wir 271 Studierende mit einem Fragebogen zur Erfassung von Gelegenheiten zur Rollenübernahme und angeleiteten Reflexion im Studium und in anderen Lebensbereichen befragt (dem so genannten ORIGIN/u; siehe Lind, 2000 b) sowie ihre moralische Urteilsfähigkeit mit dem MUT erfasst. Die Ergebnisse weisen darauf hin, dass diese beiden Faktoren tatsächlich eine große Bedeutung für das moralische Lernen haben. Bei denjenigen Studierenden, die sowohl von Gelegenheiten zur Verantwortungsübernahme (VÜ) wie auch zur angeleiteten Reflexion (AR) berichteten, zeigte sich der größte Anstieg der C-Werte (siehe die Abbildung oben).

Nach allem, was wir wissen, ist es also weniger ein bestimmter Fachinhalt, der die Entwicklung moralischer Fähigkeiten im Studium (und während der Schulzeit) fördert, sondern es sind die zeitlichen Freiräume gepaart mit einem Angebot für Verantwortungsübernahme und angeleitete Reflexion und Beratung, die für die Moralentwicklung besonders wichtig zu sein scheinen.

Absolut gesehen, gibt es für Studierende recht wenige solcher Gelegenheiten, wie unsere Studie auch zeigte. Studierende sind hier gegenüber den meisten anderen Lerngruppen noch im Vorteil. In der Zukunft steht aber zu befürchten, dass mit der Verkürzung der Studienzeiten bei gleichbleibender Stofffülle, die für die Moralentwicklung so wichtigen Gelegenheiten zur Verantwortungsübernahme weiter abnehmen. Dasselbe gilt für die Schulen, bei denen eine Verkürzung der Lernzeiten von 13 auf 12 Jahre vorgesehen ist.

5.3 Effektive Methoden der moralischen (Aus)Bildung: Moralische Dilemmadiskussion und Demokratische Schulgemeinschaft (Just Community)

Schließlich trägt noch eine dritte Quelle zur Klärung der Frage bei, ob Moral durch Bildung gefördert werden kann. Dazu wurde eine Vielzahl von Interventionsexperimenten getestet, bei denen mit Hilfe der Methode der Dilemmadiskussion versucht wurde, die moralische Urteilsfähigkeit zu fördern. Diese Studien habe ich zusammenfassend analysiert. Auch hierzu habe ich an anderer Stelle bereits ausführlicher berichtet (Lind, 2002); ich gebe daher hier nur eine Zusammenfassung wieder.

5.3.1 Unter welchen Bedingungen sind Dilemmadiskussionen effektiv?

Zur Beantwortung dieser Frage habe ich vor einiger Zeit eine Meta-Analyse aller erreichbaren Veröffentlichungen über Interventionsstudien durchgeführt, die sich auf die Dilemmamethode stützen und die zwischen 1970 und 1984 veröffentlicht wurden. Ich hatte insgesamt 48 Publikationen (Zeitschriftenartikel und unveröffentlichte Dissertationen) gefunden, in denen über 141 – zumeist experimentell angelegte – Studien berichtet wurden. Ich habe Studien berücksichtigt, die mit dem Kohlberg-Interview, einem Test zur Messung der moralischen Urteils*fähigkeit,* evaluiert wurden und nicht bloß mit einem moralischen Einstellungstest (nähere Informationen zu dieser Analyse finden sich in LIND, 2002).

Der zentrale Befund dieser Interventionsstudien ist, dass moralische Urteilsfähigkeit – unabhängig vom Alter der Teilnehmer – sehr effektiv lehrbar ist. Die von uns ermittelten Effektstärken liegen im Mittel bei $r = 0.40$ auf einer Skala von 0.00 bis 1.00. Dieser Wert liegt weit über den mittleren Effektstärken von $r = 0.30$, die sonst von psychologischen und pädagogischen Interventionen berichtet werden (siehe LIPSEY & WILSON, 1993). Keiner der Befunde liegt im negativen Bereich, das heißt, keine dieser pädagogischen Interventionen hatte eine Verringerung der Testwerte erbracht.

Im Vergleich dazu wiesen Interventionen, bei denen nicht der Fähigkeitsaspekt, sondern moralische Einstellungen erfasst wurden, nur geringe Effektstärken bei Erwachsenen, aber kaum welche bei Jugendlichen auf (SCHLÄFLI et al., 1986). Dies ist umso bemerkenswerter als Einstellungsskalen leicht durch bloße Simulation zu beeinflussen sind (siehe oben).

Die Tatsache, dass sich die vorliegenden Studien jedoch hinsichtlich vieler Merkmale unterscheiden, ermöglicht es, Anhaltspunkte für eine möglichst effektive Anwendung der Methode zu erhalten:

- Je geringer die Altersstufe und der Bildungshintergrund oder der sozioökonomische Status der Kinder sind, umso mehr scheint der Erfolg der Dilemmadiskussion von der Qualifikation des Versuchsleiters (Psychologe, Lehrer) abzuhängen.
- Bereits eine Dilemmadiskussion kann genügen, um einen Fördereffekt feststellen zu können; einen nachhaltigen Effekt, der auch noch nach mehreren Wochen und Monaten feststellbar ist, erreicht man aber offenbar nur nach mindestens drei Sitzungen.
- Ebenso lassen sich Fördereffekte bereits nach kurzen Dilemmadiskussionen von ca. 45 Minuten nachweisen; damit diese nachhaltig sind, ist aber eine höhere Intensität notwendig. Meinen Erfahrungen nach sind dafür 80 bis 90 Minuten, also zwei Schulstunden notwendig (oft aber auch ausreichend).
- Die Meta-Analyse zeigt, dass Schüler im Alter zwischen 11 und 16 Jahren weitaus am meisten von dieser Methode profitieren, mehr jedenfalls als Erwachsene und jüngere Kinder. Bei jüngeren Kindern und bei Erwachsenen haben Dilemmadiskussionen auch eine Förderwirkung, aber sie scheint geringer und weniger nachhaltig zu sein.

Vielleicht ist es notwendig, die Methode der Dilemmadiskussion diesen Altersgruppen besser anzupassen. Allerdings ist die Datengrundlage für diese beiden Gruppen auch viel geringer, so dass unsere Schlussfolgerungen unsicherer sind. Dieser Befund spricht jedenfalls gegen die Behauptung, wie sie in vielen Publikationen zu finden ist, dass nur Erwachsene von diesen Methoden profitieren und man mit der moralischen Bildung bis dahin warten sollte. Er belegt, was CHARLES DARWIN schon vor über 150 Jahren feststellte: »Die wirksa-

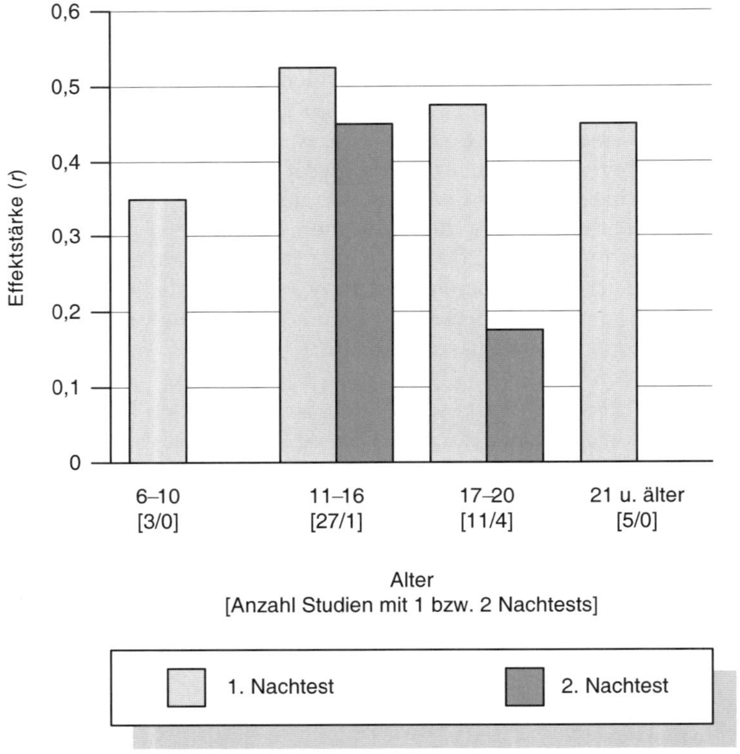

Abb. 12: Die Wirksamkeit (1. Nachtest) und Nachhaltigkeit (2. Nachtest) der Methode der Dilemmadiskussion in Abhängigkeit vom Alter

Erklärung:
Effektstärkemaß ›*r*‹ (Korrelationskoeffizient)
Erster (hellgrauer) Balken = Vergleich Vortest und direkter Nachtest
Zweiter (dunkelgrauer) Balken = Vergleich Vortest mit zweitem, späteren Nachtest
In eckigen Klammern = Anzahl der Studien, auf denen die Berechnung der Effektstärke beruht

meren Ursachen des Fortschritts scheinen in einer guten Erziehung in der Jugend, wenn das Gehirn am empfänglichsten ist, und in einem hohe Grade der Vortrefflichkeit zu bestehen, den die Fähigsten und Besten in ihrer Persönlichkeit darstellen« (1966/1874, S. 184).

5.3.2 Gute Bildung lohnt sich

Effektstärken geben das Ergebnis von Interventionsstudien im Vergleich zu der Variationsbreite der Testwerte in der Untersuchungsgruppe an, was nicht immer vorteilhaft ist, da sich diese oft stark voneinander unterscheiden und somit die Effektstärken nicht gut zu vergleichen sind. Manchmal ist es daher wichtiger, den absoluten Zuwachs an moralischer Urteilsfähigkeit als Ergebnis von Bildungsprozessen zu ermitteln. Wir haben das so getan, dass wir die ermittelten Differenzen zwischen Anfang und Ende der Intervention auf ein pädagogisches Jahr hoch gerechnet haben. Dabei haben wir uns auch auf MUT-Studien gestützt, die in obige Meta-Analysen nicht eingegangen waren.

Schulische Allgemeinbildung bewirkt demnach eine Zunahme der Testwerte (Skala: 0 bis 100) von ca. 3,5 Punkten pro Jahr. Eine gezieltere Förderung mittels Dilemmadiskussion kann diesen Ertrag fast verdoppeln. Sporadische Bildung, wie dies bei Berufsschulen oft der Fall ist, führt allenfalls zu einem minimalem Zugewinn an moralischer Urteilsfähigkeit. Wenn keine schulische Förderung mehr stattfindet und ein kritisches Niveau der Moralentwicklung noch nicht erreicht wurde, zeigt sich ein Verlust von Urteilsfähigkeit (siehe die Abbildung unten).

Moral kann und muss gelehrt werden, das ist die Erkenntnis aus den hier vorgestellten Forschungsergebnissen. Wir haben gesehen, dass moralische Fähigkeiten gelehrt und gelernt werden können, und zwar recht effektiv, soweit es die Methode der Dilemmadiskussion angeht. Wir haben auch gesehen, dass sich ohne Unterstützung durch Bildungsinstitutionen moralische Fähigkeiten nicht gut entwickeln können und kein Niveau erreicht wird, auf dem Selbstlernen einsetzen kann.

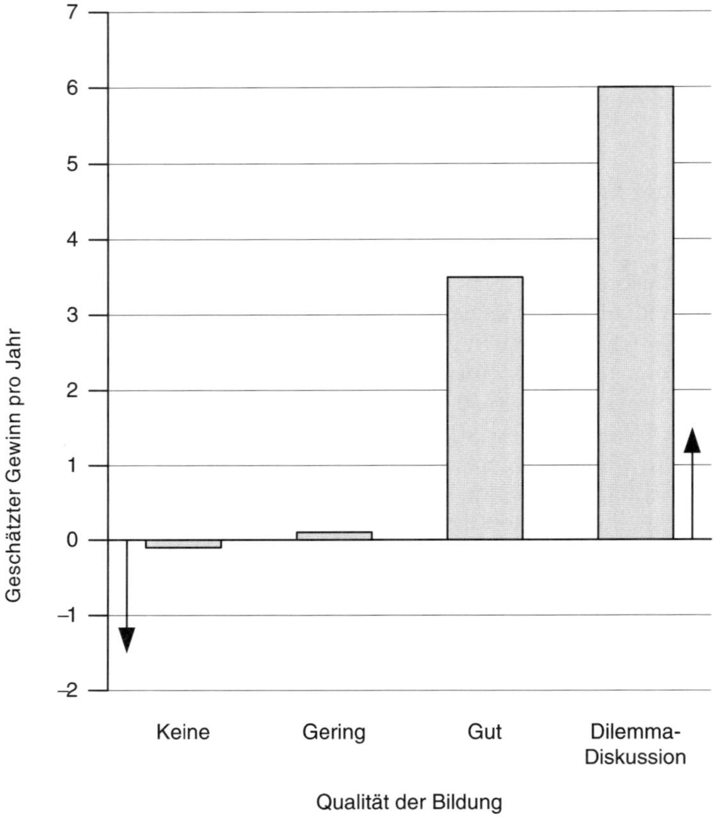

Quelle:
LIND (2002): Ist Moral lehrbar?

Abb. 13: Wirkung verschiedener Bildungsqualitäten in Zuwachspunkten pro Jahr (auf einer Skala von 0 bis 100)

Teil 2:
Die Methode der Moralischen Dilemmadiskussion

Abb. 14: Dilemmadiskussion in einer Schulklasse

6 Die Methode der Dilemmadiskussion

6.1 Die Konstanzer Methode

Die Forschung auf diesem Gebiet hat mich zu vielen Konkretisierungen und auch zu Änderungen der ursprünglich von MOSHE BLATT und LAWRENCE KOHLBERG (1975) vorgeschlagenen Methode der Dilemmadiskussion angeregt, so dass ich heute gern von der Konstanzer Methode der Dilemmadiskussion spreche, um deutlich zu machen, dass sich sowohl die Gestalt wie auch das theoretisch-empirische Fundament dieser pädagogischen Methode von der Blatt-Kohlberg-Konzeption abheben.

- Die Konstanzer Methode stellt die Auseinandersetzung mit Gegenargumenten in den Mittelpunkt, wohingegen die Blatt-Kohlberg-Methode verlangt, dass die Schüler in der Dilemmadiskussion mit Argumenten eine Kohlberg-Stufe *über* ihrem eigenen Urteilsniveau konfrontiert werden. Verschiedene Untersuchungen zeigten aber, dass es auf diese ›plus-1-Konvention‹ nicht unbedingt ankommt. MARWIN BERKOWITZ (1968) zeigte, dass Argumente mit weniger als einer Stufe Differenz zu dem eigenen Urteilsniveau eine stärkere Förderwirkung haben können und LARRY WALKER wies nach (1986), dass es gar keiner Argumente über der eigenen Stufe bedarf, sondern dass wohl generell Argumente, die von den eigenen verschieden sind – vor allem Argumente, die der eigenen Meinung widersprechen –, das moralische Denken herausfordern und die Entwicklung anregen. Zudem ist die plus-1-Konvention in der Praxis kaum praktikabel und wird m. W. auch kaum eingesetzt, weil die Feststellung der Stufenhöhe und die Entwicklung passgenauer Argumente zu aufwendig sind.

- Die Methode setzt gezielt die rhythmische Abwechslung von Phasen der *Unterstützung* und *Herausforderung* ein, um ein optimales Aufmerksamkeitsniveau bei den Schülern zu erreichen, bei dem sie nicht gelangweilt und auch nicht überfordert werden.

- Es werden wie in der Blatt-Kohlberg-Methode ›semi-reale‹ Dilemmas eingesetzt, statt, wie von manchen Autoren empfohlen, reale Dilemmas. Bei Durchsicht der Literatur zeigte es sich, a) dass semi-reale (oder hypothetische) Dilemmas mit einem hohen Realitätsgehalt einen starken Fördereffekt haben, und b) wirklich reale Dilemmas sehr selten verwendet werden. Oft handelt es sich auch bei vorgeblich realen Dilemmas um hypothetische, nur dass die Inhalte, die die Autoren im Sinn hatten, im Alltag häufiger vorkamen. Die Häufigkeit des Auftretens ist aber schwer abzuschätzen und für moralisch-didaktische Überlegungen von nachrangiger Bedeutung.

6.2 Ziele der Dilemmadiskussion

Die Diskussion moralischer Dilemmas dient der Förderung der moralischen und demokratischen Handlungsfähigkeit (und nicht nur der Denkfähigkeit). Moralische *Handlungsfähigkeit* wird übereinstimmend definiert als die Fähigkeit, das in der Schule und Hochschule erworbene moralische Wissen auch im realen Alltag anwenden zu können. Dazu gehören aber, neben begrifflichen auch emotionale Fähigkeiten ebenso wie die Fähigkeit, moralische Erkenntnisse auf die Anwendung anderer Kenntnisse und Fertigkeiten zu beziehen. Die Methode der Dilemmadiskussion ist meines Erachtens hervorragend dafür geeignet, eine Integration dieser unterschiedlichen Fähigkeitsfelder – also wirkliche Handlungskompetenz – bei Heranwachsenden zu fördern.

Im Mittelpunkt steht die moralische Urteilsfähigkeit, die, wie wir eingangs gesehen haben, von LAWRENCE KOHLBERG (1964) definiert wurde als die Fähigkeit, das eigene Denken an moralischen Idealen oder Prinzipien auszurichten und auf der Grundlage dieses Denkens zu handeln, und zwar, so fügen wir hinzu, auch im realen Leben, wenn man gleichzeitig unter dem Druck steht, sich anderen Zwängen zu unterwerfen. Solcher Druck kann durch Mehrheitsmeinungen, Vorurteile, missbräuchlich eingesetzte Autorität entstehen oder einfach aus Trägheit und mangelnder Stimmung entspringen. Er kann aber auch aus der Tatsache resultieren, dass in einer Situation mehrere moralische Anforderungen zu beachten sind, die miteinander in Konflikt geraten können. Ein *reifes* oder *entwickeltes* moralisches Urteil, so KOHLBERG (1958), sollte daher beidem gerecht werden, a) den moralischen Prinzipien, denen sich eine Person verpflichtet hat, und b) der jeweiligen Situation. Es muss gleichzeitig *konsistent* (in Bezug auf die eigenen Moralprinzipien) und *differenziert* (in Bezug auf konkurrierende Moralprinzipien) sein.

Wenn diese Fähigkeit nicht nur benötigt wird, um für sich selbst durch stilles Nachdenken zu einer Lösung zu kommen, sondern um gemeinsam mit anderen, durch einen moralischen Diskurs zu einer Lösung moralischer Dilemmas zu kommen, wird auch moralische Diskursfähigkeit benötigt. Ein solcher Diskurs, so OSER (1986), sollte idealerweise »eine offene Argumentation sein, bei der alle Argumente der Kritik unterzogen werden können, in der alle mit gleichen Rechten teilnehmen können, wobei allen Mitgliedern unterstellt werden kann, dass sie wirklich und wahrhaftig den Versuch unternehmen, eine gerechte Lösung zu finden, und alle Mitglieder eine am Wohlergehen aller orientierte Entscheidung wollen« (1986, S. 919; meine Übersetzung).

Insgesamt gesehen, stehen wir immer noch am Anfang beim Verstehen, was alles zur moralischen Urteilsfähigkeit gehört. Moralische Urteilsfähigkeit umfasst eine Vielzahl von Teilfähigkeiten, wobei einige zentraler, andere weniger zentral zu sein scheinen. Mit KOHLBERG sehen wir es als eine Kernfähigkeit an, die eigenen moralischen Prinzipien auch dann anzuwenden, wenn sie mit der eigenen Meinung zu einem konkreten Fall in Konflikt geraten. Diese Fähigkeit sollte sich zumindest darin äußern, dass man bereit ist, Gegenargumente, die sich auf diese Prinzipien stützen, anzuhören und darüber ernsthaft nachzudenken. Auf einer höheren Stufe der Entwicklung sollten solche Argumente dazu führen, die vorgefasste Meinung zu überdenken und vielleicht sogar zu revidieren.

Weitere Teilfähigkeiten der moralischen Urteils- und Diskurskompetenz, die mit der Dilemmadiskussion gefördert werden sollen, sind:

- sich der eigenen Prinzipien bewusst zu werden,
- Umstände und Fakten einer Situation genau zu beachten,
- die eigenen Prinzipien nach ihrer Wichtigkeit und Angemessenheit unterscheiden zu können,
- bei Konflikten zwischen gleichrangigen Prinzipien Meta-Prinzipien zu finden, mit deren Hilfe solche Konflikte aufgelöst werden können,
- die eigenen Prinzipien in einem sozialen Kontext zu artikulieren, auch wenn Gegner der eigenen Meinung zugegen sind oder Freunde eine andere Meinung vertreten als man selbst,
- und den Argumenten anderer zuhören zu können, auch wenn sie von Menschen kommen, die einem fremd oder anderer Meinung zu dem Fall sind, über den gerade diskutiert wird.

Die Methode der Dilemmadiskussion will auch die Fähigkeit fördern, diese Teilfähigkeiten auch dann im Verhalten zu zeigen, wenn die Situation emotional aufgeheizt ist. Es nützt wenig, Kindern zu zeigen, wie man in einem völlig emotionslosen Kontext (z. B. in einer schriftlichen Hausarbeit) moralisch argumentiert, wenn Kinder nicht auch lernen, solche Fähigkeiten im Alltag bei einem realen, emotionsgeladenen Moralkonflikt zu zeigen.

Mit der Methode der Dilemmadiskussion sollen über moralische Fähigkeiten hinaus auch spezifisch demokratische Kompetenzen gefördert werden, wie die Fähigkeit

- auch bei der Verfolgung eigener Zielsetzungen Respekt und Toleranz zu zeigen,
- Interessenkonflikte durch vernünftigen Diskurs statt Gewalt zu lösen,
- und den ›Gegner‹ als Instanz zur Überprüfung eigener moralischer Standpunkte schätzen zu lernen.

6.3 Didaktische Prinzipien

6.3.1 Optimale Aufmerksamkeit und Lernbereitschaft

Es ist nicht »Aufgabe des Lehrers, moralisch zu belehren, d. h. durch Unterricht inhaltlich-moralische Überzeugungen zu vermitteln,« fordert Wolfgang

Edelstein. »Lehrer sollen vielmehr die Voraussetzungen für moralische Diskurse in ihren Klassen herbeiführen« (Edelstein, 1986, S. 339–340).

Wie in vielen anderen Lernfeldern ist die beste Lehrmethode auch hier, Schüler und Schülerinnen mit Aufgaben zu konfrontieren, zu deren Bewältigung man sie befähigen will. Diese Aufgaben sollen jedoch einen für das Lernen optimalen Schwierigkeitsgrad haben. Am besten geeignet sind dazu Dilemmas, die ›semi-real‹ sind, das heißt, die von anderen Personen als den Lernenden erlebt wurden (oder so hätten erlebt werden können), die aber die Lernenden nicht direkt betreffen. Rein abstrakte moralische Aufgaben, bei denen zum Beispiel moralische Werte wie Freiheit und Gerechtigkeit nach ihrer Wichtigkeit eingeschätzt werden müssen, unterfordern die Lernenden und lösen kaum Lernprozesse aus. Ebenso werden kaum Lernprozesse ausgelöst, wenn die moralischen Dilemmas, mit denen sie konfrontiert werden, zu realistisch sind und in den Lernenden zu starke Emotionen (vor allem Ängste) auslösen. Die Konfrontation mit wirklichen Dilemmas, das sind Dilemmas, die reale Konsequenzen für die Lernenden haben, sollte erst erfolgen, wenn die Möglichkeiten von semi-realen Dilemmas vorangegangen sind und wenn sicher ist, dass die Entscheidungen in der realen Dilemmadiskussion pädagogisch und rechtlich vertretbar sind.

Die eigentliche Kunst des Lehrens liegt hier wie auch sonst in der Gestaltung des Schwierigkeitsgrads der Lernaufgabe. Es sollte ein moralisches Dilemma als Ausgangspunkt der Diskussion gewählt werden, das in den Lernenden gerade so viele emotionale Reaktionen (Interesse, Entrüstung, Zustimmung, Ärger, Freude etc.) auslöst, dass bei ihnen *kognitive* Aktivitäten angestoßen werden, sie also zum Nachdenken und Diskutieren angeregt werden. Das moralische Dilemma darf aber nicht so schwer sein, dass es die Lernenden verunsichert und verängstigt. Gelegentlich stellt sich erst im Nachhinein heraus, dass ein Dilemma für eine bestimmte Gruppe von Lernenden zu wenig interessant oder zu realistisch war. In diesem Fall kann man die Diskussion abbrechen und mit anderen Unterrichtsinhalten fortfahren, oder aber versuchen, durch nachträgliche Abänderungen das Dilemma interessanter oder weniger emotional zu machen. Für diese Variante bedarf es einiger Übung seitens des Lehrers bzw. der Lehrerin.

6.3.2 Unterstützung und Herausforderung

Seit Pestalozzi ist eine wichtige Maxime pädagogisch effektiven Handelns, den Lernenden dort abzuholen, wo er steht. Der beste Weg, sich an das optimale Lernvermögen der Heranwachsenden heranzutasten, besteht darin, den Lernenden sowohl anzuhören als auch ihm Aufgaben zuzumuten, ihn zu unterstützen als auch ihn herauszufordern.

Diese Phasen sollten in einer Stunde mehrmals abwechseln. Dies hilft, die individuellen Lernvorgänge besser zu synchronisieren und das Aufmerksamkeitsniveau bei allen Schülern hoch zu halten.

Es hat sich als günstig erwiesen, eine Dilemma-Stunde mit stärkenden (stützenden, helfenden) Phasen zu beginnen, dann herausfordernde Phasen einzubauen und diese beiden Phasen während einer Unterrichtseinheit (einer Schulstunde oder einer längeren Unterrichtsequenz) mehrmals abwechseln zu lassen. Wie das konkret aussehen kann, ist im Ablaufschema unten beispielhaft beschrieben.

Didaktische Prinzipien der Methode der Dilemmadiskussion

- Der Lernprozess läuft optimal ab, wenn sich Phasen der Unterstützung und Herausforderung ständig abwechseln (in einem 10-Minuten-Rhythmus).
- Zu Unterstützung zählen: Probleme und Aufgabenstellungen gut klären; Theorien anschaulich erklären; Experimente und Filme vorführen; Exkursionen; in kleinen Gruppen arbeiten lassen; mit Gleichgesinnten diskutieren lassen; Argumente an der Tafel mitschreiben; loben; beim Artikulieren helfen; etc.
- Zur Herausforderung gehören: Probleme und Aufgaben lösen lassen; Theorien wiedergeben und paraphrasieren lassen; Experimente selber durchführen lassen; Exkursionen planen; im Plenum zur Wortmeldung und Diskussion auffordern; mit Gegnern diskutieren lassen; einen Gedanken klarer formulieren lassen; etc.
- Alle Aktivitäten enthalten beide Phasen, wenn auch in unterschiedlicher Ausprägung.

6.3.3 Konfrontation mit Gegenargumenten

Zur Herausforderung des moralischen Denkens setzen wir auf Argumente, die *gegen* die Meinung (eines Teils) der Schüler sprechen. Diese werden durch die Phase der konfrontativen Diskussion im Plenum reichlich produziert. Dies scheint mindestens ebenso wirksam zu sein wie die so genannte ›plus-1-Konvention‹, nach der die Schüler mit Argumenten auf genau einer Kohlberg-Stufe über der eigenen konfrontiert werden sollen.

6.3.4 Selbststeuerung in Diskussionen

Bei dem zentralen Teil der Dilemmadiskussion, im Plenum, wenn die gegnerischen Gruppen ihre Argumente für und gegen eine bestimmte Lösung eines

Konflikts diskutieren, soll die Diskussion von den Teilnehmern möglichst selbst gesteuert werden, der Lehrer sich also auch aus seiner Rolle des Moderators zurückziehen. Nur auf diese Weise können die Schüler lernen, solche Diskussionen auch dann vernünftig und gewaltfrei zu gestalten, wenn keine Autorität anwesend ist, die eingreifen kann. Dazu wird die Ping-Pong-Regel eingeführt, bei der immer derjenige die Moderationsfunktion übernimmt, der gerade gesprochen hat. Diese Regel hat sich sehr gut bewährt. Es zeigt sich vor allem, dass dadurch dem Redner die Möglichkeit gegeben wird, die eigene Nervosität, die fast immer vorhanden ist, in den Griff zu bekommen und dem zuzuhören, der auf ihn antwortet. Durch die kleine Pause, die hierdurch entsteht, wird den anderen die Gelegenheit gegeben, den Beitrag zu verarbeiten und des weiteren dem Diskussionsverlauf zu folgen.

Die *Ping-Pong-Regel*

- Der aktiv Beitragende bestimmt, wer ihm antwortet.
- Diese Regel stellt sicher, dass der Beitragende sich voll auf seinen Beitrag konzentrieren kann und es zu keinen ›Übertragungsstörungen‹ in der Diskussion kommt.
- Die Lehrperson greift möglichst wenig ein, allenfalls wenn die zwei Grundregeln der Dilemmadiskussion (Achtung von Personen; Ping-Pong-Regel) nicht beachtet werden.

6.3.5 Semi-reale Dilemmas

Es gibt viele Arten von Handlungskonflikten, aber nicht jeder ist ein moralischer. Ein moralisches Dilemma beschreibt eine Situation, in der mindestens zwei moralische Prinzipien miteinander – oder sogar mit sich selbst – in Konflikt geraten, indem sie dem Handelnden zwei völlig entgegengesetzte Handlungen vorschreiben. Ein didaktisch gutes Dilemma sollte auf zwei bis drei konfligierende Moralprinzipien begrenzt sein und sich kurz – auf etwa einer halben Seite beschreiben lassen. Längere Beschreibungen lenken oft vom Dilemma-Kern ab.

Die Forderung, dass das Thema einer Dilemma-Stunde ›semi-real‹ sein soll, lässt einen breiten Spielraum für die Wahl des Dilemmas offen. Es kann fiktiv und erfunden oder real und ›hautnah‹ sein; es kann sich aus den Themen ergeben, die in einem bestimmten Fach gerade behandelt werden (z. B. das Gleichnis vom ›verlorenen Sohn‹ in Religion), oder aus der unmittelbaren Erfahrung der Schüler. Man kann ein fertiges Dilemma der Literatur entnehmen oder aber selbst aus einer Geschichte den ›Dilemma-Kern‹ herausarbeiten und dem Unterricht zugrunde legen.

Wichtige Definitionen

Dilemma:
Zwangslage; Wahl zwischen zwei [unangenehmen] Dingen. (Duden)

Moralisches Dilemma:
Die Wahl zwischen zwei Verhaltensalternativen, wenn beide eigenen moralischen Prinzipien widersprechen und es keine dritte Alternative gibt.

Semi-reales (hypothetisches) moralisches Dilemma:
Die Zwangslage einer fiktiven Person, die zwischen zwei Verhaltensalternativen wählen muss, die gegen ihre moralischen Prinzipien verstoßen.

Edukatives moralisches Dilemma:
Ein (semi-reales oder reales) Dilemma, das Teilnehmer an einer Dilemmadiskussion so zum Nachdenken über moralische Problemlösungen anregt, dass bei ihnen die Entwicklung der moralischen Urteils- und Diskursfähigkeit gefördert wird.

Das Dilemma sollte so realistisch formuliert sein, dass beim Zuhörer Neugier und Spannung, aber keine lernhemmenden Emotionen (z. B. Ängste, Hass) ausgelöst werden.

6.3.6 Konzentration auf Dilemmas statt auf Konflikte (Sach- vs. Personenorientierung)

»Die Loslösung des Interesses an der Sache von dem an der Person, um derentwillen jenes ursprünglich entstand, ist einer der wichtigsten Vorgänge im ethischen Leben« (Georg Simmel, 1892/1989, S. 153). Die Dilemmadiskussion ›versachlicht‹ einen Konflikt, indem sie die Aufmerksamkeit der Teilnehmer auf den ›moralischen Kern‹ eines Konflikts, nämlich die moralischen Dilemmas lenkt, die ihm zugrunde liegen. Die Grundregel, andere Personen nicht abzuwerten, trägt weiter zu dieser Fokussierung auf die ›Sache‹ bei. Das heißt aber nicht, dass diese Methode Emotionen ausschließt. Im Gegenteil, die Methode knüpft an die moralisch-affektiven Bindungen der Teilnehmer an, hilft, sie bewusst zu machen, und bringt so Dilemma- und Konfliktgefühle hervor. Diese Gefühle sind aber nicht an Personen gebunden, weder an die eigene (wie bei Schuldgefühlen) noch an andere Personen (wie bei Hassgefühlen).

7 Vorbereitung und Durchführung einer Dilemmadiskussion

7.1 Zielgruppe

Die Dilemmadiskussion als eine Methode des moralischen Lernens in der Demokratie kann nicht nur, sondern *sollte* sogar in *allen* Gruppen eingesetzt werden. Das Leben in einer sich ständig wandelnden demokratischen Gesellschaft fordert von jedem ein ständiges Lernen auf vielen Gebieten – auch auf dem Gebiet von Moral und Demokratie selbst. Es würde dem demokratischen Grundgedanken der Methode widersprechen, sie auf Sondergruppen einzuschränken.

Die Methode der Dilemma-Diskussion ist vor allem für die Klassenstufen 5 bis 10 geeignet, kann in abgewandelter Form aber auch sowohl bei jüngeren Kindern wie bei OberstufenschülernInnen, Studierenden und Erwachsenen angewandt werden.

Diese Methode ist nicht auf so genannte ›Risikogruppen‹ begrenzt, noch ist sie ausschließlich für ›gute‹ Klassen geeignet, sondern ist für *alle* Kinder, Jugendliche und Erwachsene gleichermaßen empfehlenswert, auch wenn Inhalt und Form der Dilemmadiskussion den jeweiligen Bedürfnissen und Voraussetzungen angepasst werden müssen.

7.2 Voraussetzungen einer guten Dilemmadiskussion

Damit eine Dilemmadiskussion gelingt und die SchülerInnen einen optimalen Lerngewinn haben, sollten folgende Voraussetzungen angestrebt werden:

- Gute Ausbildung des Lehrers bzw. der Lehrerin.
  Gründliche pädagogische und psychologische Kenntnisse sind ebenso wichtig wie eine Beschäftigung mit der Moralphilosophie, wobei vor allem Autoren wie Kant, Habermas, Apel und ihre ›Schüler‹ berücksichtigt werden sollten; sie sind hier grundlegend. Diese Vorbereitung sollte schon früh mit praktischen Erprobungen unter Mithilfe erfahrener Anwender dieser Methode erfolgen. Wichtig ist eine gute Verzahnung von Theorie und Praxis.
- Gute Vorbereitung der Unterrichtsstunde.
  Je besser (und zeitaufwendiger) eine Dilemmadiskussion durchdacht und vorbereitet wurde, desto weniger muss der Leiter oder die Leiterin der Diskussion inhaltlich in den Verlauf ›pädagogisch‹ eingreifen und kann den Ablauf der Stunde weitgehend der Selbstregulation der Beteiligten überlassen.
- Verstetigung der Dilemmadiskussion im Unterricht.
  Wenn solche Stunden regelmäßig – etwa alle zwei bis drei Wochen durchgeführt werden – wissen die Schüler und Schülerinnen bald, worauf es ankommt und

Checkliste
für die Entwicklung von edukativen semi-realen (hypothetischen) moralischen Dilemmas für den Unterricht
(die Antwort sollte immer Ja sein)

- Liegt eine Zwangslage vor?
- Ist es eine moralische Zwangslage?
- Wird Neugier, Empathie und Spannung ausgelöst?
- Werden keine Ängste ausgelöst?
- Lassen sich keine leichten Auswege aus der Zwangslage finden?
- Ist die Geschichte kurz und verständlich dargestellt? (Maximal eine halbe Seite)
- Wird im ersten Satz gleich gesagt, dass ein Dilemma vorliegt und wer das Dilemma entscheiden muss?
- Hat die Dilemma-Person einen Namen?
- Ist das Dilemma für die Altersgruppe geeignet, in der es benutzt werden soll?
- Führt das Dilemma zu Abstimmungsergebnissen von ca. 50 : 50? (Bei Ergebnissen von 70 : 30 oder mehr sollte keine Diskussion geführt werden.)
- Wird das Dilemma bei der Erprobung von den Schülern so verstanden, wie es von mir gemeint war?
- Enthält das Dilemma Bezüge zu öffentlichen Diskussionen, die für neue Schülergenerationen nicht (mehr) aktuell sind?
- Ist die Darstellung des Dilemmas realistisch und glaubwürdig?

Eine erweiterte Liste ist zu finden unter:
http://www.uni-konstanz.de/ag-moral/moral/dildisk-d.htm

machen selbst auch Vorschläge für Variationen. Absprachen zwischen den Fachlehrern sollten aber verhindern, dass die Methode zu oft eingesetzt wird.

- Offenheit für ›wirkliche‹ Probleme.
  Die Diskussion von Pseudo-Problemen bereitet oft weniger Mühe und ist für alle weniger anstrengend, aber sie ist für das moralische Lernen zumeist auch weniger ergiebig.
- Offenheit für die Grenzen der Methode.
  Die Diskussion moralischer Dilemmas ist eine sehr leistungsfähige Methode zur Förderung moralischer Kompetenzen bei Heranwachsenden, aber moralisches Lernen bedarf mehr als nur dieser Methode. In gewissem Sinne sind alle Sachfächer ›moral-relevant‹, nämlich indem auch sie notwendig sind, um die moralische Dimension naturhafter und technisch-ökonomischer Vorgänge zu begreifen.

7.3 Optimale Länge

Die optimale Länge einer Dilemma-Stunde ist 80 bis 100 Minuten. Der ungefähre Zeitablauf kann dem Beispiel unten entnommen werden. In dem Maße, wie sich der Lehrer/die Lehrerin mit dem Ansatz vertraut gemacht hat, kann er/sie diesen Zeitplan variieren, bestimmte Phasen verlängern oder verkürzen oder zusätzliche Elemente in den Unterricht einbauen. Das Beispiel unten beschreibt die Durchführung der Konstanzer Methode der Dilemmadiskussion.

7.4 Verteilung im Stoffplan

Dilemmadiskussionen führen, wie viele Lehrer berichten, zu einer hohen und aktiven Beteiligung der Schüler am Unterricht und fördern auch ihre Motivation zum fachlichen Lernen, sogar in anderen Fächern. Dennoch sollte man vermeiden, diese Methode zu häufig einzusetzen. Erfahrungsgemäß eignet sich diese Methode sehr gut zur Einführung einer neuen Thematik im Stoffplan. Sie kann den Einstieg für die Schüler erleichtern und ihnen helfen, das Thema mit ihrer eigenen Erfahrungswelt in Beziehung zu setzen. Das zweite wichtige Einsatzgebiet ist die Behandlung kontroverser Themen. Entweder der Lehrer sieht eine Dilemmadiskussion an der Stelle vor, wo er oder sie – auf Grund bisheriger Erfahrungen – Kontroversen erwartet, oder er bietet sie bei Bedarf an. Beispiel: Schüler stellen kritische Fragen zur Gentechnologie: Darf man Embryonen ›verbrauchen‹? Der Lehrer bietet an, darüber in der darauf folgenden Stunde ausführlich diskutieren zu lassen und versucht eventuell auch, diese Diskussionsveranstaltung anhand des ›Lara-Dilemmas‹ (siehe Anhang) fachübergreifend zu gestalten oder sie mit anderen Fachlehrern (Religion, Ethik, Deutsch, Erdkunde etc.) gemeinsam durchzuführen.

Durch die Methode der Dilemmadiskussion soll der Fachunterricht ›angereichert‹, aber nicht ersetzt werden. Der Lehrer sollte daher darauf achten, dass in einer Klasse innerhalb einer Woche nicht mehr als eine Dilemmadiskussion durchgeführt wird, indem er/sie das Vorhaben im Lehrerzimmer ankündigt bzw. sich mit Kollegen abspricht. Schon eine Diskussion jede Woche kann von den Schülern als ›zu viel‹ erlebt werden. Eine ›Überdosierung‹ kann leicht dazu führen, dass Lehrer und Schüler dieser Methode überdrüssig werden. Das kann durchaus vorkommen. Wie die Forschung zeigt, genügen bereits vier bis fünf solcher Veranstaltungen über ein paar Wochen verteilt, um die moralische Urteils- und Diskursfähigkeit der Schüler deutlich zu fördern (LIND, 2002). Mehr ist nicht immer besser.

7.5 Ablaufschema einer ›Moralisches Dilemma‹-Diskussion

Zeit	Aktivität	Lernziele [Motivationsphase]
0 Min.	Das Dilemma kennen lernen (vortragen, lesen und nacherzählen lassen) und den ›Dilemma-Kern‹ herausarbeiten: Was ist hier das *moralische Problem?* Welche eigenen Prinzipien geraten hier miteinander in Konflikt? Bei Nachfragen betonen, wie gründlich andere Verhaltensalternativen in dem jeweiligen Fall vorher geprüft und verworfen wurden und wie drängend eine schnelle Entscheidung ist.	[Unterstützung] 1. Die Schüler werden mit den Fakten vertraut gemacht und 2. lernen die Natur eines moralischen Dilemmas kennen
15	Probe-Abstimmung: War das Verhalten der zentralen Person eher richtig oder eher falsch? Pro- und Kontra-Gruppen bilden; falls keine etwa gleich starken Gruppen zustande kommen: Die Behandlung des Dilemmas (ohne Bedauern!) beenden und mit anderen Dingen fortfahren. Keine Scheinkontroverse zulassen; Teilnehmer nicht auffordern, eine andere Rolle zu spielen oder eine andere Meinung zu übernehmen. Es ist wichtig, dass jeder seine eigene Meinung vertritt und authentisch Argumente vorbringt.	[Herausforderung] 3. Sich öffentlich mit einer Meinung zu einer Kontroverse exponieren können 4. Lernen, den Unterschied zwischen Entscheidung unter Druck und druckfreier Meinungsbildung zu verstehen 5. Die Vielfalt von Meinungen zu einem moralischen Problem anerkennen lernen
30	In jedem Meinungslager werden *kleine* Gruppen von 3–4 TeilnehmerInnen gebildet, die ihre Gründe für bzw. gegen das Verhalten der Person im Dilemma austauschen und weitere Argumente suchen und diese nach ihrer Wichtigkeit und Bedeutung ordnen. Nicht weniger als 3 und nicht mehr als 4 Teilnehmer in der Gruppe zulassen. Möglichst die Gruppen nach räumlicher Nähe bilden und nicht dazu auffordern, nach eigenen Kriterien zu bilden. Allerdings bei Weigerung flexibel auf Wünsche eingehen.	[Unterstützung] 6. Andere Menschen (auch Nicht-Freunde) als Quelle der Unterstützung sehen lernen 7. Begründungen als Quelle der Stärkung der eigenen Position sehen lernen 8. Entdecken, dass Argumente eine unterschiedliche (moralische) Qualität haben können

Zeit	Aktivität	Lernziele [Motivationsphase]
40	Diskussion von Pro und Kontra im *Plenum:* Die Lehrperson erläutert die Diskussionsregeln: a) Jedes Argument ist zulässig, alles darf gesagt werden; aber keine Person darf angegriffen oder bewertet werden – auch nicht positiv (oft beginnen Abwertungen mit einem Schein-Lob), und b) die Teilnehmer rufen sich gegenseitig auf (Argumente-Ping-Pong); der Lehrer/die Lehrerin achtet nur auf die Einhaltung der Spielregeln. Danach beginnt ein Argumente-Ping-Pong: Aus einer Gruppe (die kleinere Gruppe fängt in der Regel an) trägt ein Teilnehmer zunächst die eigene Meinung und die (wichtigsten) Gründe hierfür vor. Nach seinem Beitrag folgt eine Entgegnung aus der anderen Gruppe. Wer geantwortet hat, ruft aus der *ersten* Gruppe eine Person auf, die sich zu Wort meldet. Und so weiter. Pro- und Contra-Argumente sollen an der Tafel verschriftlicht werden. Die Lehrperson wirkt in dieser Phase fast ausschließlich als ModeratorIn und als Schiedsperson, wenn die Diskussionsregeln nicht eingehalten werden. Sie sollte aber eingreifen, wenn z. B. zu leise gesprochen wird, oder wenn ein Teilnehmer zu viele Argumente aneinander reiht (›Argumente kommen umso besser zu Geltung, je weniger es sind und je kürzer sie sind‹).	[Herausforderung] 9. Öffentliche Diskussionen über wirkliche moralische Probleme schätzen lernen 10. Sich Gehör verschaffen lernen; die eigenen Argumente pointiert vortragen lernen; Argumente nach ihrer Wichtigkeit ordnen und sich auf die wichtigsten konzentrieren lernen 11. Anderen genau zuhören lernen 12. Lernen, zwischen der Qualität von Argumenten (über die man heftig streiten kann) und der Qualität von Menschen (die man immer respektieren sollte) zu unterscheiden
70	Jede Gruppe bringt die Argumente der anderen Gruppe in eine Rangreihe: Welches waren die (zwei, drei oder vier) besten Argumente der Gegenseite? Welche Argumente haben mich nachdenklich gemacht?	[Unterstützung] 13. Entdecken, dass Argumente unterschiedliche moralische Qualität haben können 14. Entdecken, dass auch Gegner gute Argumente haben können. Gute Argumente auch dann schätzen lernen, wenn sie von der Gegenseite kommen

Zeit	Aktivität	Lernziele [Motivationsphase]
80	Schluss-Abstimmung: War das Verhalten der Person in dem Dilemma eher richtig oder eher falsch? Nach der Diskussion die Qualität der Diskussion und der Argumente loben und Beispiele geben für besonders schwierige Situationen, die von den Teilnehmern gut gemeistert wurden; die Bedeutung der Abstimmung relativieren (›Wenn Sie in eine solche Situation geraten würden, müssten Sie vermutlich ganz neu entscheiden‹).	[Herausforderung] 15. Kritik der eigenen Position zu schätzen lernen 16. Lernen, dass auch die kontroverse Diskussion über ernsthafte Probleme zur Qualität des Lebens beiträgt
85	Nachfragen: Wie haben die Teilnehmer diese Diskussion empfunden? Was haben sie daraus gelernt? War es ein Gewinn? Was fanden sie störend? Wer hat schon einmal über ein solches Thema mit anderen (Eltern, Lehrer, Mitschüler etc.) diskutiert? Was sollte mit dieser Stunde bezweckt werden? Was habt Ihr gelernt?	[Unterstützung] 16. Sich der Entwicklung bewusst werden, die man durch die Dilemma-Diskussion selbst durchgemacht hat. Die Lernsituation ›Dilemma-Diskussion‹ wertschätzen lernen. Wozu kann sie mir und anderen helfen?
90	Ende der Dilemma-Stunde	

8 Empfehlungen für die Lehreraus- und -weiterbildung

Die Durchführung einer moralischen Dilemmadiskussion stellt hohe Anforderungen an die Qualifikation des pädagogischen Leiters. Die größte Schwierigkeit besteht darin, moralisch-demokratische Bildung als eine Aktivität zwischen Gleichen anzusehen und vorhandene Ungleichheiten so weit zurück zu nehmen, dass ein moralischer Diskurs unter Gleichen möglich wird.

Die pädagogischen Leiter der Dilemmadiskussion sind – als Lehrer, Hochschullehrer oder Pädagogen in der Erwachsenenbildung – zumeist Fachexperten, die gewohnt sind, dass zwischen ihnen und den Schülern und Studierenden eine große Kompetenzkluft besteht. Lehren und Lernen sind daher meist Aktivitäten zwischen Ungleichen, und zwar in dreifacher Hinsicht: Der Lehrende bestimmt auf Grund seiner größeren Erfahrung und seines größeren Wissens a) die Lernziele und Aufgaben, die dem Lernenden gestellt werden, um ihn diesen Zielen näher zu bringen (und der Lernende hat keine andere Wahl, als dem Urteilsvermögen der älteren Generation zu vertrauen), b) er legt fest, was richtige und falsche Lösungen sind, und c) er gestaltet die Lernsituationen so, dass die Lernenden effektiv lernen können und lernmotiviert sind. Moralische Bildung in einer demokratischen Gesellschaft unterscheidet sich hiervon stark und erfordert eine andere ›Einstellung‹ zum Lehren. In einer Demokratie sind auch Kinder und Jugendliche als moralisch gleichwertige Menschen anzusehen, die ihre eigenen moralischen Lernziele haben (ohne deswegen eigenartig zu sein) und denen das Leben und nicht die Lehrautorität die Aufgaben stellt, die es zu lösen gilt. Die Aufgabe, die dem Lehrer wie auch den Eltern verbleibt, ist die Schaffung optimaler Lernumwelten, in denen die Heranwachsenden mit der ›optimalen‹ Menge und Schwierigkeit von moralischen Aufgaben konfrontiert werden.

Daneben ist es im Hinblick auf eine möglichst effektive und nachhaltige Moralbildung wünschenswert, a) dass der Leiter einer Dilemmadiskussion die moralphilosophischen, -psychologischen und -pädagogischen Grundlagen der Methode der Dilemmadiskussion kennt. Neben dem vorliegenden Text sollte er eine Reihe weiterer Texte studiert haben, wie sie etwa in meiner Literaturliste aufgeführt sind. Auch sollte er bereit und fähig sein, b) regelmäßig die Möglichkeit der Beobachtung von eigenen und fremden Dilemmadiskussionen zu nutzen (es wird oft unterschätzt, dass dies mehr eine Fähigkeit als eine Einstellung ist), c) seinen Blick für den moralischen Kern der Probleme zu schärfen, mit denen er (wir) in den Medien und im Alltag ständig konfrontiert sind, und d) zu lernen, an welchen Äußerungen der Schüler sich ein Zugewinn an moralischer Urteils- und Handlungsfähigkeit festmachen lässt. Letzteres ist eine unverzichtbare Fähigkeit, da von ihr ganz entscheidend die eigene Motivation abhängt. Als Lehrer sind wir auf Rückmeldungen über Lernfortschritte unserer Schüler angewiesen. Diese Fähigkeit ist auch zunehmend wichtiger zur Rechtfertigung von Lehraufwand nach außen, gegenüber Schul- und Hochschulverwaltungen, Parlamenten und der Öffentlichkeit.

Um dies alles zu beherrschen, müssen Lehrer, wenn sie die Methode der Dilemmadiskussion einsetzen möchten, in der Regel ausreichend aus- und weitergebildet werden. Nach meiner langjährigen Erfahrung mit Kursen für Studierende und LehrerInnen aller Fachrichtungen und Schularten (ich führe solche Kurse seit ca. zwanzig Jahren durch) benötigt die Ausbildung als Leiter von moralischen Dilemmadiskussionen ungefähr ein halbes Jahr mit insgesamt ca. 30 Ausbildungsstunden. Um diese Methode so gut zu beherrschen, dass man sie an andere weitergeben kann, wird ein weiteres Semester mit ca. 30 Ausbildungsstunden benötigt.

Die Ausbildung kann nicht in einem Zeitblock erfolgen, da Übungen am Arbeitsplatz notwendiger Bestandteil sind. Bewährt haben sich zwei Anordnungen: a) eine regelmäßige 4-stündige Veranstaltung im 14-tägigen Rhythmus, der Zeit für Übungen lässt, und b) eine Veranstaltung, die aus zwei Präsenzblöcken von zwei Tagen mit einem vier- bis sechsmonatigen Intervall besteht, in dem über das Internet betreute Übungen stattfinden können. Der erste Block dient der Einführung, der zweite der Reflexion und Zertifizierung.

Bei Weiterbildungsmaßnahmen ist es notwendig, dass die Kursteilnehmer während des Kurses von ihren Unterrichtsverpflichtungen etwa im gleichen Umfang entlastet werden. Zusätzlich müssen sie noch einmal ungefähr im gleichen Umfang Arbeitsleistungen einbringen, um Hausaufgaben zu bearbeiten.

Der Autor bietet eine Zertifizierung für Leiter von Dilemmadiskussionen an, sofern sie bereits ausgebildete Erzieher, Lehrer, Hochschullehrer oder Erwachsenenbilder sind. Grundlage der Zertifizierung ist die Teilnahme an den Kursveranstaltungen, die Bearbeitung der Haus- und Übungsaufgaben und ihre Dokumentation mittels Berichten und Videos (Portfolio), die Teilnahme an einer kursbegleitenden Erhebung über den subjektiven und objektiven Lernzuwachs sowie die Durchführung und Dokumentation einer Dilemmadiskussion – je nach Beruf – mit Kindern, Jugendlichen oder Erwachsenen. Weitere Informationen zu dieser Zertifizierung und den Weiterbildungsangeboten können vom Autor angefordert werden.

Die Kurskonzeption des Autors für die Weiterbildung wurde über mehrere Jahre hinweg entwickelt und wissenschaftlich evaluiert. Es zeigte sich, dass alle Teilnehmer – Lehrer und Lehrerinnen unterschiedlicher Schulformen und unterschiedlichen Alters – innerhalb eines Semesters lernen können, wie man die moralische Urteils- und Diskursfähigkeit durch Dilemmadiskussionen fördert. Es zeigte sich weiterhin, dass auch die Teilnehmer durch eine solche Weiterbildung fast alle selbst sehr deutliche Zugewinne an moralischer Urteils- und Diskursfähigkeit aufzuweisen hatten. Aktuelle Informationen zu diesen Weiterbildungen finden sich unter diesen Web-Adressen: http://www.uni-konstanz.de/ag-moral/ oder http://www.democracy-education.net.

Literaturempfehlung

EDELSTEIN, W., et al. (Hrsg.) (2001). Entwicklungspsychologie und pädagogische Praxis. Weinheim: Beltz.

LANDESINSTITUT FÜR SCHULE UND WEITERBILDUNG, LSW (1991). Schule und Werteerziehung. Ein Werkstattbericht. (Enthält zahlreiche weitere Dilemma-Beispiele. Zu beziehen durch: LSW, Postfach 17 54, 59494 Soest.)

9 Beobachtung und Evaluation

Reflexion und Evaluation spielen bei der Methode der Dilemmadiskussion seit ihrer Entstehung eine herausragende Rolle. Die Methode wurde von Anfang an evaluiert und auf Grund dieser Evaluationen ständig verbessert. Jede Unterrichtseinheit wird mit einer kurzen Phase der Reflexion und Evaluation abgeschlossen, bei der die Teilnehmer gefragt werden, was ihnen an der Stunde gefallen oder nicht gefallen hat und was sie dabei gelernt haben. Zudem liegen viele Evaluationsstudien mit komplexen Designs und in der Forschung gut erprobten Messinstrumenten vor. Die Weiterentwicklung dieser Methode ist jedoch auf Beobachtung und Evaluation angewiesen. Hier sollen einige Tipps zu Evaluationsdesigns, Instrumenten und Ergebnisinterpretationen gegeben werden.

Ergebnisinterpretation. Wenn einmal nicht der gewünschte Effekt nachgewiesen werden kann, sollte man bedenken, dass dies viele Ursachen haben kann. Mögliche Ursachen sind:

- Wirkungslosigkeit der Dilemmamethode bei bestimmten Teilnehmergruppen. Die pädagogisch-didaktische Wirkung von Dilemmadiskussionen steht heute zwar generell außer Frage (LIND, 2002; siehe auch oben). Aber es kann auch sein, dass ein bestimmtes Dilemma oder ein bestimmter Ablauf der Diskussion entweder zu anspruchsvoll für die Klasse ist (was selten vorkommt!) oder für die Urteils- und Diskursfähigkeit der Teilnehmer keine echte Herausforderung darstellen.
- Ungenügende Vorbereitung auf die Stunde, ungenügendes Verständnis der Methode (worauf kommt es wirklich an?) oder mangelnde Erfahrung mit der Methode. Der wichtigste Teil der Lehrerarbeit liegt bei der Dilemmadiskussion *vor* der Stunde. Die ersten zehn Minuten entscheiden oft darüber, ob die restliche Stunde ohne viele Interventionen der Lehrerperson gut verläuft oder ob sie häufig korrigierend oder motivierend eingreifen muss, um die erhoffte Wirkung zu erzielen. Es zeigte sich, dass die Wirkung einer Dilemmastunde in dem Maß zunimmt, wie der Lehrer in der Methode ausgebildet ist und diese zunehmend besser beherrscht.
- Probleme der Beobachtungsmethode wie z. B. oberflächliche Beobachtung durch ungeübte Beobachter; Fehler bei der Auswertung von komplexen Verfahren; Testmüdigkeit bei Wiederholungsbefragungen; Interferenz durch die Anwesenheit oder das Verhalten von bestimmten Beobachtern. Normalerweise werden anwesende Beobachter (Schulleiter, Lehrer, Eltern, Studenten etc.) von den Schülern nach kurzer Zeit kaum mehr beachtet. Wenn aber beispielsweise ein Schulleiter durch Ansprache und/oder Sitzposition deutlich macht, dass er das Schülerverhalten kritisch begutachtet, kann die Wirkung der Dilemmamethode erheblich gedämpft werden, wenn nicht

gar völlig ausbleiben. Auch die zweimalige Darbietung ein und desselben Fragebogens kann Negativergebnisse erzeugen. Gerade die Schüler mit besseren Testwerten fühlen sich manchmal gelangweilt oder gar verärgert, wenn sie zweimal dasselbe gefragt werden, was für eine Evaluation aber oft unvermeidlich ist. Sie erhalten dann meist sehr niedrige Testwerte und mindern so den Durchschnittswert der Teilnehmer in der Nachbefragung. Probates Gegenmittel: mit der Klasse offen darüber sprechen (Gefälligkeitsantworten sind bei Fähigkeitstests wie dem MUT nicht zu erwarten) und für gewissenhafte Beantwortung werben.

Evaluation. Da die Ergebnisse einer Evaluation eine wichtige Grundlage für die Verbesserung der Methode sind, muss sehr darauf geachtet werden, dass sie richtig angelegt ist und die benutzten Beobachtungsinstrumente dem Zweck angemessen und in der Forschung gut erprobt sind. Die Evaluation sollte mehrere Dilemmadiskussionen umfassen (auch eine einzelne Sitzung kann bereits nachweisbare Effekte haben, aber meist sind dafür drei bis vier Sitzungen notwendig) und muss folgenden Minimalanforderungen genügen:

a) Durchführung eines Vor- und eines Nachtests, wobei die Schüler so instruiert werden sollten, dass sogenannte Testmüdigkeitseffekte möglichst gering bleiben, und
b) Erhebung bei einer Kontrollgruppe, wenn nicht schon Daten aus Basiserhebungen mit vergleichbaren Schülergruppen vorliegen, die nicht an Dilemmadiskussionen teilgenommen haben. Aus einer *einmaligen* Erhebung nach Abschluss einer Dilemmadiskussion können keinerlei Rückschlüsse auf die Wirksamkeit dieser Methode gezogen werden.

›Moralisches Urteil‹-Test. Der MUT wurde, wie oben bereits ausführlich dargestellt, in der Forschung intensiv erprobt. Er erlaubt es, die Kernkompetenz der moralischen Urteils- und Diskursfähigkeit zu messen und durch den Vergleich von Vor- und Nacherhebungen festzustellen, welche Entwicklung bei den Teilnehmern bewirkt werden konnte. Die Messwerte des MUT sind empfindlich genug, um Effekte von Dilemmadiskussionen festzustellen, aber sie sind nicht – durch bloße Willensanstrengung – in der gewünschten Richtung simulierbar (wie das bei Einstellungstests oft beobachtet wird). Die sachgemäße Auswertung dieses Instruments erfordert jedoch moralpsychologische Vorkenntnisse (LIND, im Druck; LIND, im Web: http://www.uni-konstanz.de/ag-moral/). Der MUT kann für Prüfzwecke vom Autor angefordert werden. Der Autor bietet auch eine Evaluation von Dilemmastunden mit dem MUT (samt Auswertung und Interpretation) bei Übernahme der Kosten an.

Weitere Instrumente, die auch von Lehrern selbst eingesetzt werden können und die sich als sehr hilfreich beim Einsatz der Dilemmadiskussion bewährt haben, sind in der nachfolgenden Tabelle aufgeführt. Zu einigen finden sich im Anhang *Kopiervorlagen* für den Einsatz in Unterricht und Lehre.

Klassenbericht. In der Phase der Ausbildung in dieser Methode oder wenn neue Dilemmas oder andere Ablaufvarianten erprobt werden, empfiehlt es sich, die Sitzungen anhand des Klassenberichtsbogens im Anhang möglichst detailliert zu dokumentieren oder zusätzlich die Sitzung auf Video festzuhalten. Bei der Dokumentation des Tafelanschriebs (in dem die Argumente der Diskussionsparteien stichwortartig festgehalten werden) sollte durch Pfeile vermerkt werden, worauf sich die Argumente jeweils beziehen. Wiederholungen können durch Unterstreichen oder kleine Strichlisten dokumentiert werden.

Beobachtungsbogen. Der Beobachtungsbogen dient dazu, gezielt bestimmte Effekte der Dilemmadiskussion systematisch zu beobachten. Die Beobachtung sollte sich immer auf *einen* Aspekt beschränken (zum Beispiel: die Beobachtung der *Mitarbeit* von *anfänglich passiven* Schülerinnen und Schülern), damit neben dieser systematisch-analytischen Beobachtung auch noch eine mehr ganzheitliche Beobachtung des Geschehens in der Klasse möglich ist. Der Beobachtungsbogen orientiert sich mehr an den pädagogisch-didaktischen Erkenntnisinteressen von Lehrern als von Forschern (wie das z. B. bei dem Beobachtungsverfahren von FLANAGAN der Fall ist; siehe unten). Der Beobachtungsbogen lässt sich auch gut verwenden, um die Beobachtungen der Stunde durch hospitierende Referendare, Praktikanten oder Peer-Supervisoren zu strukturieren. Bei mehreren Beobachtern kann jeder einen anderen Beobachtungsaspekt zugewiesen bekommen, um darüber in einer gemeinsamen Auswertungssitzung zu berichten.

›Moralische Atmosphäre‹-Fragebogen (MAF). Der MAF wurde als Forschungsinstrument entwickelt, eignet sich aber auch gut zur Eigenevaluation in den Händen von LehrerInnen (LIND, 2002, Anhang). Er besteht aus fünf Teilen: a) Fragen zur Wahrnehmung von 19 Aspekten der moralischen Atmosphäre in der Schule (aufgeteilt nach Mitschüler, Lehrer, Schule insgesamt) und zur individuellen Wertung dieser Aspekte (Beispiel: »Wie wichtig ist es dir, dass Lehrer gerecht sind?«); b) Schülerpartizipation; c) Kommunikationsverhalten; d) Einstellungen und Reflexionen zu Regelverletzungen (Abschreiben/Mogeln) und e) wahrgenommenes Lehrerverhalten. Die Antworten der Schüler auf diese Fragen geben Einblick in die moralischen Ideale der SchülerInnen, die Lehrern sonst oft schwer zugänglich sind. Lehrer schätzen beispielsweise die moralischen Ideale ihrer Schüler häufig falsch ein, was eine Belastung für die Lehr-Lerninteraktion zwischen Schülern und Lehrern darstellt und damit ein Hindernis für den Lernerfolg der Schüler sein kann (LIND, 2002). Schüler wünschen sich viel stärker die Einhaltung von Regeln und eine gute Ausbildung, als dies viele LehrerInnen anzunehmen scheinen. Schülern ist es bewusst, dass zwischen ihren Wünschen und ihrem Verhalten oft eine Kluft besteht; dennoch verdienen ihre moralischen Ideale Beachtung.

Instrument	Zweck		Art der Analyse		Ausbildung des Beobachters			Umfang der Vorbereitung	Bemerkungen
	Forschung	Evaluation	Statistisch	Interpretativ	Psychologe	Lehrer	Studierende		
Klassenbericht	●	●	●	●	•	•	•	niedrig	Ein Klassenbericht sollte während der Ausbildung in dieser Methode für jede Dilemmadiskussion angefertigt werden.
Beobachtungsbogen	•	●	•	●	●	●	•	hoch	Für Evaluation und Forschung gut geeignet.
Ablaufplan	•	–	•	●	•	•	●	niedrig	Für Eigenkontrolle und auch für Supervision und Beratung gut geeignet.
›Moralische Atmosphäre‹-Fragebogen (MAF)	●	•	●	•	●	●	•	mittel	Die Interpretation der Befunde erfordert einen kompetenten Lehrer oder Psychologen.
Flanders System (1970)	●	•	●	–	●	●	•	hoch	Nicht speziell für diesen Zweck entwickelt, aber dennoch brauchbar; gut mit Forschung vergleichbar.
›Moralisches Urteil‹-Test (MUT)	●	•	●	–	●	•	•	hoch	Sollte nicht zu oft benutzt werden; die Interpretation des MUT erfordert psychologische Vorkenntnisse.
(Andere Instrumente)									

Abb. 15: Mess- und Beobachtungsinstrumente für die Methode der Dilemmadiskussion

Flanders System. Das Beobachtungssystem von NED FLANDERS (1970) ist in unzähligen Unterrichtsstudien eingesetzt worden, um die Wirkung neuer Unterrichtsmethoden zu erforschen. Erfasst werden sieben Aspekte des Redeverhaltens des Lehrers (akzeptiert Gefühle; lobt und ermutigt; akzeptiert oder wendet Ideen der Schüler an; stellt Fragen; trägt Wissen und die Ideen und Meinungen von sich und anderen vor; gibt den Schülern Anweisungen; klärt Fragen der Autorität im Klassenzimmer), zwei Aspekte des Redeverhaltens der Schüler (Antworten auf Lehrer-Fragen; Einbringen von eigenen Themen und Fragen) und Perioden der Stille oder der Verwirrung. Die Anwendung dieser Methode erfordert eine gewisse Übung, da man in kurzen Abständen (3 Minuten) zehn Aspekte des Unterrichtsgeschehens simultan erfassen muss. Der Beobachter ist bei diesem System kaum in der Lage, das Geschehen ganzheitlich zu erfassen. Beispielsweise kann er hinterher oft kaum angeben, von was der Unterricht handelte oder was sich sonst noch im Unterricht ereignet hat. Dafür liefert diese Beobachtung aber reichhaltige Daten, die wichtige Aufschlüsse über die gewählten Beobachtungsaspekte geben. Übersichten über Forschung mit dem Flanders System geben FLANDERS (1970) und SPRINTHALL et al. (1994) und verschiedene Lehrbücher der Pädagogischen Psychologie.

Teil 3:
Die Demokratische Schulgemeinschaft

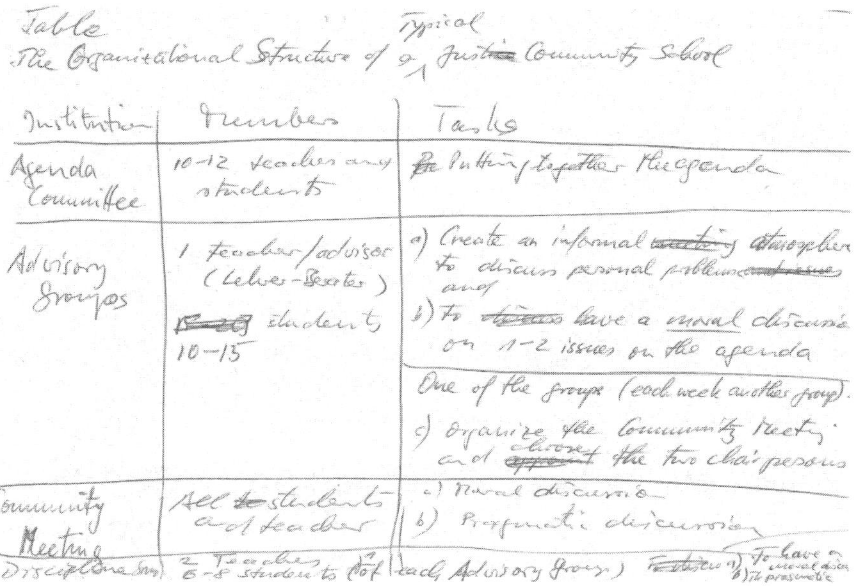

Table
The Organizational Structure of a Typical Justice Community School

Institution	Members	Tasks
Agenda Committee	10-12 teachers and students	Putting together the agenda
Advisory Groups	1 teacher/advisor (Lehrer-Berater) 10-15 students	a) Create an informal atmosphere to discuss personal problems and b) To have a moral discussion on 1-2 issues on the agenda. One of the groups (each week another group): c) Organize the Community Meeting and choose the two chairpersons
Community Meeting	All students and teachers	a) Moral discussion b) Pragmatic discussion
Disciplinary Com.	2 Teachers, 6-8 students (1 of each Advisory Group)	1) To have a moral discussion 2) pragmatic

Abb. 16: Auszug aus dem Manuskript Kohlbergs für seinen Vortrag im Jahr 1987 über die Demokratische Schulgemeinschaft in Düsseldorf (LIND & RASCHERT, 1987)

10 Die Demokratische Schulgemeinschaft

10.1 Einleitung

Was trägt am meisten dazu bei, dass Kinder lernen, die Gesetze zu achten und sich und anderen nicht zu schaden? Diese Frage wurde in einer sehr breit angelegten Studie in den USA unter Leitung von Dr. Blum zu beantworten versucht, in der Jugendliche zwölf Jahre lang untersucht wurden. Ein zentraler Befund dieser Studie war, dass die Art und Größe der Schule kaum einen Unterschied machte, aber sehr wohl die Tatsache, »ob die Schüler fühlten, dass ihre Lehrer sich um sie kümmerten und sie gerecht behandeln ... Die meisten Maßnahmen und Verordnungen, die Schulen erlassen (wie Schüler zeitweise aus der Schule ausschließen, wenn sie in der Schule geraucht haben, scheinen keinen Eindruck zu machen ... Die stärkste Wirkung hat die enge Beziehung zwischen Erwachsenen und Kindern« (GILBERT, 1997).

Dilemma-Diskussion	Demokratische Schulgemeinschaft (Just Community)
• semi-reale Dilemmas (Abstimmungen haben keine Konsequenzen) • Fach-bezogen • integriert in Curriculum und Unterricht	• reale Dilemmas (Abstimmungen haben Konsequenzen) • Schulleben-bezogen • besondere Veranstaltungen auf Schul- und/oder Jahrgangsstufen

10.2 Ziele

Der Demokratische Gemeinschafts-Ansatz will Bildung und Erziehung zusammenführen. Er will der Gefahr der Trennung von Sachwissen und moralischer Verantwortung entgegenwirken. Wissen über die Welt zu vermitteln, ist die eine Aufgabe der Schule; ihre andere, nicht minder wichtige Aufgabe ist es, die Entwicklung der individuellen Denk- und Urteilsfähigkeit zu fördern.

Durch den Ansatz soll auch die Beziehung zwischen abstrakten moralischen Prinzipien und dem konkreten Lebenskontext für den Schüler praktisch erfahrbar gemacht werden. Die beiden wichtigsten Säulen der ›Demokratischen Schulgemeinschaft‹ (oft auch als Gerechte Gemeinschaft oder Just Community bezeichnet) sind die moralische Atmosphäre der Schule (dazu zählen unter anderem Gerechtigkeit, Gemeinschaftssinn und die Achtung der Würde des Einzelnen) und – als praktisches Übungsfeld – die demokratische Organisation der Schule (HIGGINS 1987; OSER & ALTHOF, 2001).

Der Sinn für Verantwortung und Gerechtigkeit und die Fähigkeit zum eigenen Urteil in moralischen und politischen Dingen können sich nur entwickeln, wenn, wie HEINRICH ROTH (1971) unter Verweis auf die Arbeiten von KOHLBERG betont hat, dieses direkt im Zusammenleben und -arbeiten, eben im Schulleben, praktiziert wird. Tatsächlich haben empirische Untersuchungen in mehreren Ländern gezeigt, dass die demokratische ›Atmosphäre‹ in der Klasse demokratische Einstellungen und Kompetenzen mehr zu fördern vermag als die bloße Vermittlung von Fakten über demokratische Institutionen und auch mehr als die Einübung von patriotischen Ritualen (EHMAN 1980; REINHARDT, 1980).

Die Förderung der moralisch-demokratischen Urteilsfähigkeit durch die Schule stößt oft auf Schwierigkeiten, auch dort, wo sie akzeptiert und gewollt ist. Es fehlt, worauf EDELSTEIN (1986) hinweist, noch weitgehend eine geeignete, »strukturgenetische Didaktik«, die sich des versteckten Lehrplans annimmt und die demokratische Fähigkeiten wie Diskursfähigkeit und moralische Urteilskompetenz zu fördern vermag. Lehrern, die sich hieran versucht haben, ist dieses Defizit gegenwärtig. Wie kann die Atmosphäre in der Klasse demokratisiert werden, wie können verdeckte Probleme offengelegt und diskursiv gelöst werden, ohne dass dieses Vorhaben selbst zum Konfliktstoff wird? Wie kann das Schulleben demokratisiert werden, damit moralische Autono-

In der *Demokratischen Schulgemeinschaft* soll der Heranwachsende lernen ...
• die eigene Meinung öffentlich kund zu tun und über existentielle, persönlich wichtige Fragen mit anderen, sogar mit Fremden reden zu können *(authentische Kommunikation)*,
• an einer Auseinandersetzung über Meinungen teilzunehmen, das heißt, Gleichgesinnte und Gegner zu haben *(Mut zum Diskurs)*,
• durch andere in der eigenen Meinung angenommen und unterstützt zu werden *(Solidarität)*,
• durch andere argumentativ herausgefordert zu werden *(Streit)*,
• an wichtigen Entscheidungen der Institution, der man angehört, mitzuwirken *(Verantwortungsübernahme)*,
• andere argumentativ zu überzeugen und in ihrer Entscheidung beeinflussen zu können *(Macht der Argumente)*,
• die eigene Meinung unter dem Eindruck von neuen Informationen und Argumenten begründet zu verändern *(Rationalität)*,
• dass Regeln Grundlage und Ergebnis sozialer Interaktionen sind *(Konstruktion des Sozialen)*,
• dass Diskussionen und Streit die eigene Entwicklung fördern *(Metakognition)*.

Abb. 17: Lernziele der Demokratischen Schulgemeinschaft

mie gestärkt wird, ohne dass das Bewusstsein sozialer Verantwortung und der Bezug zur Gesellschaft verloren gehen?

Der Ansatz der ›Demokratischen Schulgemeinschaft‹, wie er von LAWRENCE KOHLBERG, ANN HIGGINS und CLARK POWER in den USA und FRITZ OSER und WOLFGANG ALTHOF (OSER & ALTHOF, 1994) im deutschen Sprachraum vertreten wird, hat, so scheint mir, für diese Fragen mehr als nur interessante Antworten zu bieten; er ist einer der wenigen Ansätze, die sich in schulpraktischen Erprobungen nach wissenschaftlichen Maßstäben bewährt haben (HIGGINS, 1980; MAUERMANN, 1988; POWER et al., 1989; LIND, 2002).

10.3 Demokratie und Erziehung

Dem Demokratischen Gemeinschafts-Ansatz liegt JOHN DEWEYS (1964) Idee zugrunde, dass Autonomie und Verantwortung, Demokratie und Erziehung wechselseitig bedingt sind, und dass das eine ohne das andere nicht sein kann. Die Förderung der moralischen Urteilsfähigkeit in der Demokratischen Schulgemeinschaft beruht auf der Stärkung der individuellen Autonomie bei der Gestaltung des Schullebens wie auch auf der Stärkung der Regeln, die in der Institution Schule gelten. Erziehung durch demokratische Formen des Schullebens bietet sich an, weil sich Verantwortungsbewusstsein und Verantwortungsfähigkeit nur bilden können, wenn den Schülern durch die Mitwirkung an den Entscheidungen der Gemeinschaft die Möglichkeit zur praktischen Erfahrung gegeben wird. Es reicht hierfür nicht aus, dass ihnen Ämter und Pflichten (wie das Amt des Klassensprechers) und die Entscheidung über marginale Fragen des Schullebens (über Schulfeste u. Ä.) übertragen werden, jedoch die die Schüler ernsthaft angehenden Kerngebiete des Schullebens von vornherein tabu sind (RUMPF).

Der Demokratische Gemeinschafts-Ansatz zielt auf das praktische Erlernen demokratischer Zusammenarbeit auf der Basis allgemein geteilter moralischer Prinzipien, also auf die Gelegenheit zum praktischen Erfahren, wie es heute auch in anderen Lernfeldern für die Schule zu Recht gefordert wird (GIDION et al., 1987; FAUSER & MUSZYNSKI, 1988). Er zielt aber auch auf eine stärkere Verankerung der Regeln und Normen der (Schul-) Gemeinschaft im Denken und Handeln der Schüler. Er geht davon aus, dass Autonomie und selbstständiges Urteilen sich nur in Auseinandersetzung mit Normen und Regeln entwickeln können und nicht in einem normativen Freiraum, wie er für die Schule einmal gefordert wurde (»Faszination des leeren, weißen Papiers«).

Der Demokratische Gemeinschafts-Ansatz gründet auf einer interaktionistischen Anthropologie. Die persönliche Entwicklung gilt als das Produkt einer konstruktiven Bewältigung von Lebenssituationen und -aufgaben durch das Individuum. Diese Anthropologie steht in Kontrast zu der Auffassung, dass der Mensch nur von seiner Umwelt geprägt wird, wie auch zu der ›romantischen‹ Vorstellung, dass Entwicklung allein Entfaltung innerer Anlagen bedeutet und daher jeder Umwelteinfluss, weil hinderlich für die Anlagen des Kindes, möglichst ausgeschaltet werden muss. Progressive Erziehung, die Entwicklung zum Ziel hat, will den Heranwachsenden so nahe an diese Aufgaben heranführen, wie dies für die Förderung der individuellen Kompetenzen notwendig und aufgrund der gegebenen individuellen Entwicklung und sozialen Begrenzungen möglich ist.

1. Lernen am Gegenstand und der Eigenerfahrung
2. Größere Identifikation durch Partizipation
3. Verantwortliches Handeln durch Verantwortungsübernahme
4. Entwicklung als Ziel der Erziehung
5. Demokratisierung der Lebenswelt
6. Ermöglichung der Rollenübernahme und Empathie
7. Positive pädagogische Zumutung, d. h. die Unterstellung, dass die beteiligten Schüler wahrhaftig, gerecht und sozial engagiert sind
8. Bindung des Engagements des Lehrers an seine Schüler und vice versa (Liebe)

Abb. 18: Prinzipien der Demokratischen Gemeinschaft nach Fritz Oser (1988)

10.4 Das Konzept der Demokratischen Schulgemeinschaft

Wie Kohlberg berichtet, hat der Wunsch eines Schulleiters, mit den Schülern nicht nur hypothetische, sondern auch reale Probleme seiner Schule zu diskutieren, den Anstoß für die erste Demokratische Schulgemeinschaft gegeben. Dass auch Schüler dies wünschen, zeigen die Ergebnisse einer Befragung, die wir unter Schülern durchgeführt haben. Ein Beispiel ist Karin (8. Klasse). Auf die Frage, welche Themen sie gerne in der Klasse mit ihren Mitschülern und Lehrern diskutieren würde, sagte sie, sie würde gern darüber reden, wie man dazu kommen könnte, »dass die Schüler und Lehrer sich miteinander verstehen und gut miteinander auskommen; dass Lehrer ein gutes Verhältnis zu den Schülern haben und dass Lehrer und Schüler zusammen über Probleme reden können.«

In der Demokratischen Schulgemeinschaft spielen natürlich demokratische Prinzipien (wie Gerechtigkeit und Mitmenschlichkeit) sowie demokratische Institutionen wie Vollversammlung, allgemeines und gleiches Stimmrecht, Mehrheitsentscheidungen, spezielle Komitees oder Ausschüsse und demokratische Diskussions- und Abstimmungsprozeduren eine wichtige Rolle. »Dieser Ansatz«, schreibt Ann Higgins, »verkörpert das Bestreben, ›Gerechtigkeit‹ und ›Gemeinschaft‹ in ein Gleichgewicht zu bringen, die machtvolle Anziehungskraft des Kollektivs in die Schule einzubringen und zugleich die Rechte der individuellen Schüler zu schützen und ihre moralische Entwicklung zu fördern« (HIGGINS, 1987, S. 55).

Wie eine Demokratische Gemeinschaft in der Schule organisiert und aufgebaut ist, wird in der Graphik unten gezeigt (siehe auch HIGGINS, 1987; sowie OSER und ALTHOF, 1992). Der wichtigste Bestandteil ist die Vollversammlung, in der jeder, Lehrer wie Schüler, eine Stimme hat. Geleitet wird die Versammlung von je einem Schüler und einem Lehrer oder zwei Schülern und zwei Lehrern. Wesentlich zum Gelingen einer guten Vollversammlung tragen die Vorbereitungssitzungen der Komittees und die Diskussionen in den Klassen bei. In diesen Veranstaltungen werden die Themenvorschläge gesichtet und es wird geklärt, was der Kern des Problems ist, d. h. worüber die Vollver-

Elemente der Demokratischen Schulgemeinschaft
Nach KOHLBERG, HIGGINS, OSER u. a.

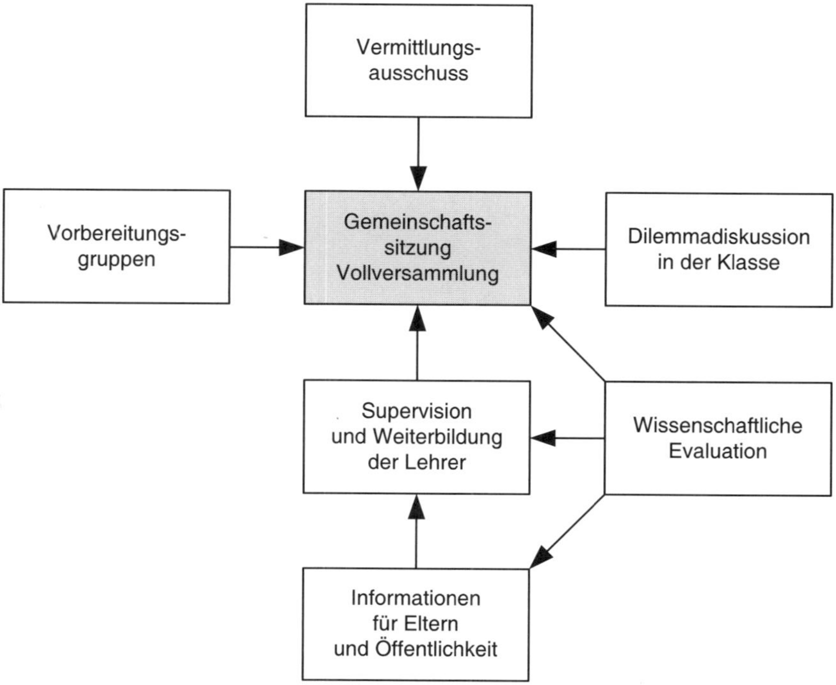

Abb. 19: Institutionen der Demokratischen Schulgemeinschaft (Just Community)

sammlung diskutieren soll. Die Meinungslager können derweil ihre Argumente sammeln und sich auf die Präsentation ihres Anliegens in der Vollversammlung vorbereiten.

Der ›Vermittlungsausschuss‹ tagt regelmäßig (zumeist wöchentlich) zwischen den Vollversammlungen, die etwa alle fünf bis sechs Wochen stattfinden. Dieser Ausschuss hat gewissermaßen die Rolle der ›Exekutive‹. Er achtet darauf, dass die Beschlüsse der Vollversammlung ausgeführt werden.

Eine wichtige Institution im Hintergrund sind die Lehrer, die den Freiraum und die Lerngelegenheiten schaffen, die für eine Demokratische Schulgemeinschaft unverzichtbar sind. Auf Grund des dynamischen Charakters dieses Ansatzes müssen diese Lehrer sich ständig weiterentwickeln, wofür Supervision und Weiterbildung, aber auch wissenschaftliche Evaluation und Elternarbeit wichtige Voraussetzungen sind.

11 Schulische Erprobungsprojekte

Hier sollen ein paar Schulen näher vorgestellt werden, die diesen Ansatz aufgenommen und erprobt haben. Frühe Beispiele für die Gestaltung des Schullebens nach dem Ansatz der Gerechten Gemeinschaft, wie ihn LAWRENCE KOHLBERG, RALPH MOSHER und andere entwickelt haben, sind die Cluster-School, ein Teil der Cambridge High School in Cambridge, Massachusetts (KOHLBERG et al., 1978), die Brookline High School sowie drei Schulen im Staat New York: die Scarsdale High School, eine Schule inmitten eines wohlhabenden Vororts von New York City. Über diese Demokratischen Schulgemeinschaften wird an verschiedenen Stellen berichtet (HIGGINS, 1987; KOHLBERG et al., 1978; POWER et al., 1989). Ich will hier zwei amerikanische Demokratische Schulgemeinschaften und die Erprobung dieses Ansatzes an drei deutschen Schulen etwas eingehender schildern.

11.1 Die Brookline High School

Die pädagogischen Probleme, die Anlass waren, den Kohlberg-Ansatz in der Schule in Brookline auszuprobieren, resultierten aus der Lage der Schule (LIGHTFOOT, 1983). Brookline, das zum Großraum Boston gehört, hat etwa 55.000 Einwohner. Die Einkommensunterschiede sind groß. Der ethnische Hintergrund ist zumeist irisch und jüdisch. Etwa zehn Prozent zählen zu der Minorität der Schwarzen und der Einwanderer aus Mittelamerika und Asien. Die Brookline High School hat etwa 2000 Schüler von der 10. Klasse (freshmen) bis zur 12. Klasse (seniors), die teilweise im Rahmen eines Sonderprogramms zum Ausgleich von Bildungschancen (METCO-Programm) aus verschiedenen Teilen der Nachbarstadt Boston nach Brookline gebracht werden. Die Beziehungen zwischen den verschiedenen ethnischen Gruppen sind nicht problemlos und haben in der Vergangenheit immer wieder zu Schlägereien und Vandalismus in der Schule geführt.

Seit Mitte der siebziger Jahre wird der Ansatz der Gerechten Gemeinschaft in der Brookline High School zu realisieren versucht, zunächst im Rahmen einer Teileinheit, der »Schule-in-der-Schule« (School-Within-A-School, SWS), seit ein paar Jahren auch in der gesamten Schule. Eines der größten Hindernisse für eine effektive Partizipation möglichst aller Schüler an Entscheidungen in der Schule ist deren Größe und Unübersichtlichkeit.

Mit der Schule-in-der-Schule (SWS) wurde daher eine kleinere Gemeinschaft mit etwa 100 Schülern und 5 Lehrern geschaffen, die räumlich und organisatorisch aus der übrigen Schule herausgehoben ist. Die Schüler belegen die Hälfte ihrer Kurse in der SWS und die andere Hälfte in der regulären Schule. Wesentlich für die Demokratische Gemeinschaft innerhalb der Brookline High

School ist nicht nur ihre zahlenmäßige Begrenztheit, sondern auch ihre Zusammensetzung. Die Lehrer sind zumeist begeisterte Erzieher und Vertreter ihres Faches. Die Schüler müssen sich um die Aufnahme in die SWS nach dem 10. Schuljahr bewerben. Das wichtigste Aufnahmekriterium ist die Bereitschaft und Fähigkeit, sich an einer demokratischen Gemeinschaft zu beteiligen. Schüler, von denen man vermutete, dass sie sich durch die Freiheiten und Entscheidungsmöglichkeiten der Demokratischen Gemeinschaft verunsichert fühlen, oder die sich darunter eine Freiheit von jeder Verantwortung vorstellen, wurden nicht aufgenommen – soweit die Schüler das in den Aufnahmegesprächen zu erkennen gaben.

Diese Schule-in-der-Schule in Brookline hat, soweit das zu verfolgen war, lange Jahre wirkungsvoll funktioniert (über ihr heutiges Schicksal ist nichts bekannt). Gleichwohl zeigt sie eine Schwachstelle der ursprünglichen Konzeption auf, nämlich den Widerspruch zwischen ihrem demokratischen Anliegen einerseits und dem durch räumliche Trennung und Auswahlbedingungen erzeugten elitären Charakter andererseits. Tatsächlich wird von einigen Reibereien zwischen der kleinen Teilschule und der Mutterschule berichtet, die sich durch diese Sonderstellung erklären lassen. Ähnliche Probleme wurden mir auch von der *Scarsdale High School* und der *Martin Luther King High School* berichtet, deren Demokratische Gemeinschaften jeweils auf Teile der Schüler- und Lehrerschaft begrenzt waren.

11.2 Die Theodore Roosevelt High School

Im Jahr 1984 erhielt LAWRENCE KOHLBERG den Auftrag des Erziehungsministers (commissioner) des Staates New York, Gordon Ambach, und des Kanzlers des New York School Board of Education, Nathan Quinones, an drei Schulen der Stadt *Just Community*-Programme (JC) zu erproben. Zur Vorbereitung erhielten die am Projekt beteiligten Lehrer und Lehrerinnen im Schuljahr 1984/85 jeweils einen Tag pro Monat Fortbildungskurse und einen vierwöchigen Fortbildungskurs am Harvard Summer Institut. Die Arbeit in den Schulen begann im Herbst 1985 an drei Schulen: an der *Theodore Roosevelt High School,* einer Problemschule inmitten der Süd-Bronx, der *Bronx High School of Science,* einer Eliteschule, und der *Martin Luther King jr. High School* in Manhattan.

Die Theodore Roosevelt-Schule, über die hier berichtet werden soll, liegt inmitten der durch Armut, Kriminalität und ethnische Minderheiten geprägten Süd-Bronx. Vor der Schule parken ständig Polizeifahrzeuge; der Eingang in die Schule ist durch Polizisten gesichert, die bei jedem den Ausweis kontrollieren und den Körper mit einem Metalldetektor absuchen. In der Schule laufen ständig bewaffnete Wächter herum, die aufpassen, dass die Schüler sich nur in erlaubten Zonen bewegen. Die Schule hatte 3400 Schüler; 30 % Schwarze, 65 % (zumeist dunkelhäutige) ›Hispanics‹ (Mittelamerikaner), 5 %

Ost-Asiaten (Vietnamesen und Kambodschaner). Von den Schülern befanden sich 400 Schüler auf Sonderschulniveau; 500 Schüler hatten keine ausreichenden Englischkenntnisse; 600 waren Analphabeten. Klaus-Jürgen Tillmann gab in der Frankfurter Rundschau vom 9. und 16. August 1984 einen detaillierten Bericht von den sehr schwierigen Bedingungen an dieser Schule.

Kernstück des Projekts war die wöchentliche Vollversammlung der Schüler einer Klassenstufe in der 6. und 7. Stunde. Daneben trafen sich die Komittees und am Projekt beteiligten Lehrer an anderen Tagen in der 6. Stunde. Die Schüler und Lehrer opferten dafür ihre Mittagspause; jeder brachte etwas zu Essen mit.

Ich hatte Gelegenheit, das Projekt zu besuchen. Ich war skeptisch, ob wir den Versammlungsraum erreichen würden. KOHLBERG war bereits stark durch seine Krankheit gezeichnet und wirkte zwischen den zum Teil kräftigen Hünen, die sich durch die Gänge ihren Weg bahnten, sehr zerbrechlich. Er setzte sich ruhig zwischen die lachenden und herum laufenden Schüler und wartete. Allmähliche legte sich die Aufregung. Die Versammlung begann. Ein Freiwilliger wurde als Versammlungsleiter bestimmt. Das Gekichere und die Unruhe stiegen wieder an. Schüler liefen immer wieder durch den Raum. Der Versammlungsleiter versuchte, seine Unsicherheit hinter Grimassen und Lachen zu verstecken. Ich begann zu ahnen, welche Mühe es diesen Schülern machte, eine solche Versammlung durchzuführen, und welche Geduld und Einfühlsamkeit es KOHLBERG, ANN HIGGINS und den Lehrern, die dabei mitwirkten, kostete, die Schüler dazu zu motivieren.

Die Berichte der beteiligten Lehrer und Schulleiter sowie die anlässlich der Tagung der Association for Moral Education in Chicago (1986) vorgeführten Videoaufnahmen belegen eindrucksvoll die positive Entwicklung des Sozialverhaltens der von Armut und ethnischer Diskriminierung geprägten Schüler innerhalb des ersten Projektjahres.

11.3 Das Projekt ›Demokratie und Erziehung in der Schule‹ (DES) in Nordrhein-Westfalen

Nach Besuchen in einigen dieser Schulen und nach Berichten, die es hierüber gab, habe ich 1985 dem Kultusminister von Nordrhein-Westfalen, HANS SCHWIER (1987), eine Erprobung dieses Ansatzes in deutschen Schulen vorgeschlagen. Unter dem Titel ›Demokratie und Erziehung in der Schule‹ (DES) wurden 1987 an drei Schulen solche Erprobungen gestartet, die insgesamt drei Jahre liefen: am Gymnasium am Wirteltor in Düren, an der Johann-Gutenberg-Realschule in Langenfeld und an einer Hauptschule in Hamm. KOHLBERG und HIGGINS halfen anfangs mit, das Projekt auf den Weg zu bringen. Sie besuchten zwei Schulen (das Dürener Gymnasium am Wirteltor und die Gesamtschule Mühlheim, Ruhr) und stellten sich den Fragen von Lehrern, Eltern und Schülern.

Das DES-Projekt unterschied sich in zwei wesentlichen Aspekten von den amerikanischen Demokratischen Schulgemeinschaften:

- Am DES-Projekt nahmen relativ junge Kinder teil, nämlich 10- bis 14-jährige Schüler. Die beiden Grundmethoden der Intervention richteten sich bis dahin zumeist an ältere Jugendliche und junge Erwachsene. An *Just Community*-Programmen zur Förderung der Moralentwicklung nahmen bislang zumeist Schüler der Klassenstufen 10 bis 12, also 15- bis 18-Jährige teil (POWER et al., 1989). Die teilnehmenden Schulen wünschten aber, dass die Intervention jeweils mit der Eingangsklasse beginnt, damit das Projekt einen möglichst großen Einfluss auf das Klima der Schule nehmen kann. Der wissenschaftliche Beirat unterstützte dieses Anliegen, zumal Untersuchungen zeigten, dass Dilemmadiskussionen auch bei jüngeren Kindern gute Erfolge haben (LOCKWOOD, 1978; LEMING, 1981; LIND, 2002).
- Es wurden *alle Kinder einer Jahrgangsstufe* in das Programm einbezogen und bei den Schulen handelte es sich um ›normale‹ Schulen. Die Förderung wurde nicht wie in vielen Projekten in den USA auf eine bestimmte Gruppe begrenzt, für die man sich bewerben musste oder in die man aus erzieherischen Gründen hineingeschickt wurde (School-within-school). Bei den Schülern und Schülerinnen in NRW handelte es sich insgesamt weder um besonders gute oder begüterte Schüler, die sich den ›Luxus‹ demokratischer Teilhabe am Schulleben leisten wollten, noch um besonders ›erziehungsbedürftige‹ Jugendliche, wie bei denen der Theodore Roosevelt High School.

Die teilnehmenden Lehrerinnen und Lehrer erhielten eine kurze Einführung in den Ansatz der Demokratischen Schulgemeinschaft sowie begleitende Supervision und Beratung über die gesamte Projektlaufzeit hinweg durch Projektbeiräte (PETER DOBBELSTEIN-OSTHOFF, GEORG LIND, FRITZ Oser, SIBYLLE REINHARDT und HEINZ SCHIRP). Lehrer berichteten, dass sie fast ein Jahr benötigten, um die beiden zentralen Methoden (Just Community und Dilemmadiskussion) souverän zu beherrschen. Als besonders schwierig erwies sich für viele Lehrer die Unterscheidung zwischen genuin *moralischen* Dilemmas, bei denen es keine ›technische‹ Lösung gibt, und allgemeinen Problemgeschichten, die sich mit Geschick und Wissen lösen lassen.

An dem Projekt nahmen eine Hauptschule (Hamm), eine Realschule (Langenfeld) und ein Gymnasium (Düren) teil. Damit sollte u. a. gezeigt werden, dass der Ansatz nicht an eine bestimmte Schulform gebunden ist. Insgesamt nahmen an dem DES-Projekt 395 Schüler und Schülerinnen teil, von denen die meisten am Anfang (in der 5. Klasse) und am Ende des Programms (in der 7. oder 8. Klasse) von uns befragt werden konnten. In einer Schule begann das Programm auch in einer 8. Klasse.

Dem Versuch, demokratische Gemeinschaften in deutschen Schulen zu erproben, wurde, wie ich durch meine Rolle als Initiator und später als Mitglied des wissenschaftlichen Beirats erleben konnte, erstaunlich viel Wohlwollen von Seiten der Kultusbehörde, der Schulen, der Schüler und der Eltern entgegengebracht. Dies war erstaunlich, weil besorgte Kollegen eindringlich vor falschen Hoffnungen (Leschinsky, 1987) und prinzipiellen Unverträglichkeiten mit dem deutschen Schulsystem (Edelstein, 1986) gewarnt hatten, und manche gar ein unrühmliches Ende voraussahen (»... außer Spesen nichts gewesen«; Spiess, 1988, S. 379).

11.4 Ergebnisse des DES-Projekts

Das DES-Projekt hat einige wichtige Ergebnisse erbracht, die sich gut mit den Erfahrungen Demokratischer Schulgemeinschaften in den USA ergänzen. Bei meinen vielen, über zwei Jahre sich hinziehenden Gesprächen und Sitzungen, die notwendig waren, bevor der pädagogisch-praktische Teil des DES-Projekts beginnen konnte, habe ich immer wieder viel Zustimmung zu den Zielsetzungen erhalten, gleichzeitig wurde aber immer wieder angedeutet, dass wir bei anderen mit sehr großen Widerständen auf allen Ebenen zu rechnen hätten. Glücklicherweise haben sich diese Warnungen bis auf wenige Male als gegenstandslos herausgestellt. Von diesen Einzelfällen abgesehen war die Akzeptanz des Projekts in der Schulbehörde, bei den Leitern der teilnehmenden Schulen, den Lehrerkollegien, den Schülern und Schülerinnen sowie den Eltern sehr viel positiver als wir zu hoffen wagten.

Nicht nur das Kultusministerium in Nordrhein-Westfalen, sondern inzwischen auch die Bildungsministerien in anderen deutschen Bundesländern haben verschiedene Elemente dieses Ansatzes genehmigt und gefördert. Viele Schulen und einzelne Lehrer und Lehrerinnen haben sich über das DES-Projekt kundig gemacht und seine Methoden in ihr pädagogisches Repertoire aufgenommen (Pädagogisches Zentrum Rheinland-Pfalz, 1995; Lind, 1995; Bovet & Huwendiek, 1994).

Auch von Schülerseite gab es zumeist sehr positive Rückmeldungen zum DES-Projekt. In der Anfangsphase haben Schüler mit Unlust reagiert, wenn der Lehrer, aus dem Bemühen alles richtig zu machen, sich zu starr an vorgegebenen Unterrichtsschemas orientiert hat. Solche Unlustäußerungen traten nach Auskunft der Lehrer nie auf, wenn das Thema der Dilemma-Diskussion aus dem Stoff oder einer pädagogischen Situation hervorging und als ›organischer‹ Bestandteil des normalen Unterrichts wahrgenommen wurde. Ich kann dies aus der eigenen Erfahrung bestätigen.

Große Befürchtungen bestanden auch in Bezug auf die Eltern. Würden sie das Projekt gutheißen oder würden zumindest einzelne dagegen ankämpfen? Da es sich bei den teilnehmenden Schülern um Minderjährige handelte, wurden alle Eltern von den Schulen über das Projekt informiert. In Einzelfällen haben Vertreter des wissenschaftlichen Beirats diese Info-Veranstaltung gestaltet. Die Eltern haben dem Projekt, soweit wir wissen, ausnahmslos zugestimmt. Das Interesse der Eltern war zumeist sehr groß. Es gab skeptische Fragen, aber es gab auch den vielfachen Wunsch, den pädagogischen Ansatz näher kennen zulernen und ihn auch über das Projektende hinaus fortzuführen. Die Realschule in Langenfeld hat daher Dilemmadiskussionen mit Eltern durchgeführt, musste aber, wie der Schulleiter HANS-WERNER HENK berichtete, dieses Angebot wegen übergroßer Nachfrage abbrechen. Auch diese Erfahrung haben wir in anderen Schulen bestätigt gefunden.

Positive Effekte lassen sich auch mit 10- bis 14-jährigen Kindern erzielen. Heute gilt dies fast schon als selbstverständlich, da schon im Kindergarten mit kognitiv-entwicklungspädagogischen (konstruktivistischen) Ansätzen gearbeitet wird (siehe z. B. DEVRIES & ZAN, 1994).

Anfang der 80er Jahre, als wir mit dem DES-Projekt begannen, gab es nur wenige Versuche, solche Ansätze mit Kindern unter 14 Jahren durchzuführen. Man dachte wohl, Kinder müßten erst die Phase der formalen Denkoperationen erreicht haben, bevor sie vernünftig über moralische Dilemmas diskutieren können. Auch spielte eine Rolle, dass in vielen Untersuchungen berichtet wurde, Dilemmadiskussionen bei Jugendlichen zeigten im Unterschied zu Erwachsenen kaum Effekte (SCHLÄFLI et al., 1986).

Wie wir an anderer Stelle berichteten (LIND & ALTHOF, 1992; LIND, 2002), hat das DES-Projekt diese Skepsis widerlegt. Auch 10- bis 14-Jährige zeigten deutliche Gewinne bei ihrer moralischen Urteilsfähigkeit. Hierbei wurde der so genannte Verantwortungs-Urteil-Test eingesetzt, der nach ähnlichen Gesichtspunkten wie der MUT konstruiert wurde. Der mittlere C-Wert im VUT stieg im Verlauf des Projekts von 17,5 auf 28,25 an. Die Effektstärke ausgedrückt als Korrelation zwischen Treatment und C-Wert betrug r = 0,41. Sie übertrifft damit die meisten in pädagogischen und psychologischen Interventionsstudien berichteten Effektstärken (LIPSEY & WILSON, 1993; LIND, 2002).

Effekte zeigten sich auch in Bezug auf die Entwicklung von moralisch-demokratischen Fähigkeiten und dem Regelverhalten. Der VUT zeigte eine hohe Effektstärke von r = 0,40 an, also die gleiche Effektstärke wie sie in Studien gefunden wurde, die mit dem Kohlberg-Interview arbeiteten (LIND, 2002). Dieser Befund wird auch durch die jetzt erst abgeschlossene, vollständige Auswertung der Daten bestätigt, die mit einem halboffenen Interview nach der Kohlberg-Methode, dem *Socio-Moral Reasoning Measure* (SRM) von GIBBS et al. (1992) erhoben wurden. Auch das Verhalten von Schülern und Lehrern änderte sich deutlich. Wenn man die Angaben der Fünftklässler aus zwei aufeinander folgenden Jahren miteinander vergleicht, zeigten sich positive Veränderungen im Sozialverhalten der Schüler.

Die Beziehung zu den Lehrern wurde deutlich besser. Die Schule insgesamt wurde besser. Es kam zu weniger Regelverstößen. Und die Möglichkeiten zur Teilhabe am Schulleben stiegen deutlich an. Nur die Beziehungen zu den Mitschülern änderten sich nicht; sie sind bei Fünftklässlern oft auch noch nicht besonders stark ausgeprägt.

Für das Lehrerverhalten stehen uns mehrere Beobachtungsquellen zur Verfügung. Nach unseren eigenen Beobachtungen (LIND, OSER) während unserer Besuche bei Just Community-Veranstaltungen und Dilemmadiskussionen zeigte sich ein stetig wandelndes Lehrerverhalten von zunächst geringer pädagogischer Beteiligung zu einer sehr engagierten, entwicklungsbezogenen Pädagogik.

Vor Projektbeginn gab es in keiner der Schulen Peer-Teaching oder Peer-Supervision; das vielfach beklagte Einzelkämpfertum war die Regel. Obwohl wir das nicht zur Voraussetzung für das Projekt machten, stellte sich schon bald bei vielen Lehrern eine Zusammenarbeit ein. Man lud sich gegenseitig ein, den eigenen Unterricht zu beobachten und gemeinsam an Verbesserungen des Unterrichts zu arbeiten. In einem Fall wurden wir Zeuge einer dramatischen Verbesserung der Schüler-Lehrer-Beziehung bei einem der beteiligten Lehrer: Wo vorher nur wechselseitige Animosität und Kommunikationsunfähigkeit herrschte, normalisierte sich plötzlich das Verhältnis.

In den Interviews am Ende des Projekts berichteten viele Lehrer und Lehrerinnen, dass sie sich in ihrem pädagogischen Denken und Handeln sehr stark verändert hätten. Sie vermuteten, dass die Auswirkungen des Projekts auf sie selbst viel größer waren als auf die Schüler.

In den demokratischen Versammlungen wurden eine Reihe von Veränderungen in der Schule beschlossen, die noch lange Bestand hatten, wie ich mich bei meinem Besuch in der Realschule in Langenfeld acht Jahre nach Ende des offiziellen Erprobungsprojekts überzeugen konnte. Es wurde z. B. beschlossen, mit allen Fünftklässlern Regeln der vernünftigen Kommunikation gemeinsam zu erarbeiten. Diese werden in den Klassenzimmern aufgehängt. Diese Regeln werden immer wieder von jeder Klasse neu erarbeitet, was der Besucher daran erkennen kann, dass sie handschriftlich verfasst sind, anders als in den Schulen, die ich in den USA und in Kolumbien besucht habe, wo auch ›moralische‹ Plakate hingen. Aber jene Regeln wurden nicht erarbeitet, sondern vorgefertigt und kommerziell auf Hochglanzpapier gedruckt – aber von den Schülern kaum beachtet. Diese beobachteten und nachgewiesenen Effekte sind überdauernd und nachhaltig. Die gemeinsame Erarbeitung von Regeln der Kommunikation zwischen Schülern und zwischen Schülern und Lehrern war offenbar ein nachhaltiger Effekt des DES-Projekts.

Einen weiteren, überdauernden Effekt repräsentiert die Tatsache, dass mehrere Lehrer weiterhin in ihren Klassen Dilemmadiskussionen durchführten. Ein Lehrer berichtete, dass er etwa zur Hälfte alte bewährte ›Standard-Dilemmas‹ benutzt und zur anderen Hälfte neue, aus der Unterrichtssituation geborene Dilemmas. Ich habe in einer solchen Stunde hospitiert. Die Lehrerin hat gerade ein schon vor zehn Jahren entwickeltes Dilemma durchgenommen (das Dilemma des Schülers, der seinen türkischen Mitschüler, den Star der Fußballmannschaft der Schule, dazu überreden soll, das Fasten während des Ramadan zu ignorieren, weil ein wichtiges Fußballturnier ansteht). Die Stunde war im Vergleich zu der vor neun Jahren mit zahlreichen neuen didaktischen Elementen angereichert, die mir zeigten, dass die Methode der Dilemmadiskussion von dieser Lehrerin souverän beherrscht und lebendig gehalten wurde. Bestand hatte auch, so der Schulleiter, das durch das Projekt neu entwickelte, demokratische Klima im Lehrerkollegium. Das ›Platzhirsch-Syndrom‹ wich damals einer mehr egalitären (›gerechten‹) Kommunikationskultur und diese sei auch bis heute erhalten geblieben.

Die Veranstaltungen der Just Community, die an dieser Schule besonders intensiv und rege durchgeführt wurden, mussten jedoch, wie der Schulleiter heute berichtet, bald nach Ende des DES-Projekts aufgegeben werden. Sie benötigten, damit sie gut abliefen und ihren pädagogischen Zweck erfüllen konnten, mehr pädagogische Arbeit als der Schule heute zur Verfügung steht. Während des DES-Projekts wurde die Schule hierfür mit zusätzlichen Deputatsstunden ausgestattet, die dann aber weggefallen sind.

Im folgenden Interview blickt der damalige Schulleiter der Johann-Gutenberg Realschule Langenfeld, Herr HANS WERNER HENK, nach acht Jahren (Juni 1999) zurück auf das DES-Projekt (1987–1991), an dem seine Schule teilgenommen hatte. Als Schulleiter konnte er die Wirkungen dieser Methoden auf vielfältige Weise erleben. Er bewertet die Dilemmadiskussion und die Demokratische Schulgemeinschaft (Just Community) hier aus Sicht des ›Praktikers‹.

Für wie geeignet halten Sie die Methode der Dilemmadiskussion, um die moralisch-demokratischen Fähigkeiten von Schülern zu fördern?

HENK: Für sehr geeignet.

Wie sind Dilemmadiskussionen bei Ihren Schülern angekommen? Was haben sie bewirkt?

Sie sahen die Diskussionen als Unterrichtsbereicherung an. Die Diskussionen hatten einen hohen Motivationseffekt. Die Schüler lernten zu diskutieren und gewannen Erkenntnisse zu der moralisch ›schwächeren‹ und ›stärkeren‹ Argumentation.

Was haben Sie selbst von dieser Methode gehabt und was haben Ihnen Ihre Kollegen, Schülereltern oder andere berichtet?

Ich habe diese Methode als Bereicherung des Unterrichts schätzen gelernt, als Erziehung zum ›besseren Kind‹. Ich konnte dadurch meine eigene Position überprüfen.

Haben Sie selbst eigene Dilemmas entwickelt?

Ja.

Wie hoch ist für Sie heute der Aufwand, ein neues Dilemma zu entwickeln?

Der Aufwand entspricht dem einer gut vorbereiteten Unterrichtsstunde.

Welche Dilemmas haben Sie eingesetzt?

Die rote Katze (RINSER),

Der Jasager und der Neinsager (BRECHT),

Die Nacht im Hotel (LENZ, selbst entwickelt) sowie die vorliegenden Dilemmas.

Wie häufig setzen Sie neue Dilemmas ein im Vergleich zu vorgefertigten?

Im Verhältnis 1 : 1.

Erproben Sie neue Dilemmas, bevor Sie diese in der Klasse einsetzen? Wie?

Nein, ich habe keine Gelegenheit, diese im Vorfeld zu erproben.

Wie häufig haben Sie die Methode der Dilemmadiskussion eingesetzt?

Im Allgemeinen zwei mal pro Halbjahr.

In welchen Fächern?

Im Fach Deutsch, das ich hauptsächlich unterrichte.

Wann haben Sie zuletzt Dilemmadiskussionen durchgeführt?

Im letzten Schuljahr.

Wie lange hat es gedauert, bis Sie diese Methode sicher handhaben konnten?

Ein Jahr.

Wurden Sie dabei von anderen unterstützt?

Ja, von Kollegen und durch externe Supervision.

Welche Hilfestellung halten Sie für erforderlich, damit man diese Methode schnell beherrschen lernt?

Unterrichtsversuche im Beisein von KollegInnen und externen Supervisoren.

Fühlen Sie sich selbst in der Lage, diese Methode Anfängern zu vermitteln oder ihnen als Supervisor zu helfen?

Ja, durchaus.

Für wie geeignet halten Sie den Just Community-Ansatz?

Ebenfalls für sehr geeignet.

Würden Sie anderen Schulen empfehlen, den Just Community-Ansatz zu übernehmen?

Ja.

Sehen Sie dabei Schwierigkeiten? Welche?

Keine.

An wie vielen Just Community-Veranstaltungen haben Sie teilgenommen?

An etwa 25.

In welchen Funktionen?

Als Teilnehmer und Supervisor.

Worin sehen Sie die Vorteile von Just Community-Veranstaltungen in einer Schule?

In einer direkteren Einflussnahme der Schüler auf und einer direkteren Beteiligung am Schulleben. Der Schritt zum Handeln muss vollzogen werden.

Wo liegen die Probleme und Gefahren dieses Ansatzes?

Ein Problem ist sicherlich, dass die Just Community nicht von allen Teilnehmern ernst genommen wird und verpflichtend ist. Ein anderes Problem liegt darin, dass man mit Hilfe der Just Community versucht, unmögliche Beschlüsse in die Tat umzusetzen. Die Just Community darf kein theoretisches Spiel bleiben, sie muss zum festen Bestandteil einer Schule werden, ihre Beschlüsse müssen umgesetzt werden, sie sollten für alle Schüler bzw. Teilnehmer verpflichtend sein.

Welche Bedingungen müssen an einer Schule erfüllt sein, damit die Just Community funktionieren kann?

Bestimmte räumliche und technische Bedingungen müssen gewährleistet sein und es muss eine breite Zustimmung bei Lehrern, Schülern und Eltern gegeben sein.

Würden Sie selbst gern weiter Dilemmadiskussionen durchführen?

Ja.

Würden Sie selbst gern (weiter) Just Community-Veranstaltungen durchführen?

Ja.

Wie fanden Sie damals das DES-Projekt? Was fanden Sie gut?

Ausgezeichnet. Das DES-Projekt war eine Chance, Kinder und Jugendliche zur echten Demokratie, zu den wesentlichen Werten zu erziehen und gleichzeitig auch zu einer größeren Kompetenz zu führen.

Was fanden Sie weniger gut?

a) Trittbrettfahrer, die die Arbeit behinderten.
b) Die mangelnde Unterstützung durch die entscheidenden Stellen innerhalb der Landesregierung.

Wie beurteilen Sie das DES-Projekt heute?

Als eine in Nordrhein-Westfalen vertane Chance, die wieder angeboten werden sollte, zumal die Schule den Zeitproblemen ohnmächtiger denn je gegenübersteht.

11.5 Effekte der Demokratischen Schulgemeinschaft

Die Erprobung des Gerechten Gemeinschafts-Ansatzes in Schulen wurde von Anfang an wissenschaftlich begleitet. Bei der Beurteilung der Befunde ist zu berücksichtigen, dass sich ein Teil der Erhebungsinstrumente für die Messung der Effekte der Gerechten Gemeinschaft noch in der Entwicklung befindet, Vergleichsdaten aus anderen Schulen und Längsschnittstudien noch selten sind und die Schulversuche selbstverständlich auf freiwilliger Teilnahme der Schulen beruhen und nicht auf einem experimentellen Versuchsplan. Dies schränkt die Möglichkeit einer pädagogischen Wirkungsforschung ein, macht sie jedoch nicht unmöglich. Die Untersuchungen bieten schon jetzt eine gute Grundlage für weitere Erprobungen – auch in unseren Schulen. Die Zahl und Verschiedenheit der Analysen lassen erwarten, dass die bisherigen Erfahrungen mit der Gerechten Schulgemeinschaft in weiteren Versuchen differenziert und ergänzt werden.

In einer Zusammenschau verschiedener Studien kommt UHL (1996) zu dem Schluss, dass es bislang noch keine wirksamen Methoden der Moralerziehung gäbe. Dieser Schlussfolgerung widersprechen zahlreiche sorgfältig angelegte Evaluationsstudien, Meta-Analysen sowie vertiefende Einzelfallstudien bestehender Schulversuche mit der Methode der Dilemmadiskussion (LIND, 2002; siehe auch oben) und der Demokratischen Schulgemeinschaft.

Die Beobachterin SARAH LIGHTFOOT (1983) hat in der *Brookline High School* einen auffälligen Wandel festgestellt. Mit der Einführung demokratischer Elemente in den Schulalltag wurde offensichtlich das Legitimitätsempfinden aller Mitglieder der Schule vergrößert, so dass beschlossene Regeln wieder in höherem Maß von den Schülern (und auch von den Lehrern) respektiert wurden. Die fast allgegenwärtigen Gewalttätigkeiten haben fast gänzlich aufgehört, der Konkurrenzdruck unter den Schülern in der demokratischen Schule-in-der-Schule und die Fixierung auf Schulnoten sind geringer geworden, und die Schüler fühlen sich weniger als Teil einer anonymen Masse als vorher.

Mit der Demokratischen Schulgemeinschaft werden auch subtile Änderungen der moralischen Atmosphäre der Schule angestrebt, deren Umfang und deren Auswirkungen auf die Gesamtpersönlichkeit der Schüler sich nur mit den Methoden der systematischen Erfahrungssicherung belegen lassen. Erste Befunde hierzu sind der Vergleichsstudie von HIGGINS und ihren Kollegen (1984) zu entnehmen, an der neben der Schule-in-der-Schule und der gesamten *Brookline High School* auch die *Cluster*-Schule und deren Mutterinstitution, die Cambridge High School, teilnahmen. Die Demokratische Schulgemeinschaft hat demnach einen ähnlich hohen Fördereffekt für die kognitiv-moralische Entwicklung wie die Dilemma-Methode. Die Veränderungen betrugen pro Jahr etwa eine Viertel Stufe auf der Kohlbergschen Stufenskala (HIGGINS et al., 1984, S. 82). Dieser Effekt ist beachtlich angesichts der Größe der Entwicklungsschritte, die mit dieser Skala gemessen werden.

Zudem zeigen sich deutlich veränderte Einstellungen und Sichtweisen gegenüber der Schulgemeinschaft, die für eine wirkliche Moralkompetenz, d. h. für eine Verbindung von Überzeugungen und Handeln von großer Bedeutung sind. So ist beispielsweise Hilfsbereitschaft für Schüler aus beiden Schultypen ein wichtiges Ideal. Aber in den Demokratischen Schulgemeinschaften glauben mehr Schüler als in den Vergleichsschulen, dass ihre Mitschüler sich pro-sozial verhalten wollen (80 % versus 40 %) und vertrauen mehr Schüler darauf, dass ihre Mitschüler sich tatsächlich pro-sozial verhalten werden (60 % versus 30 %). Die Schüler aus den Vergleichsschulen sind sich dessen bei ihren Mitschülern weniger sicher. Bei ihnen besteht oft, wie HIGGINS es nennt, eine »pluralistische Ignoranz«. Es scheint, dass diese pluralistische Ignoranz, das fehlende Vertrauen in die vorhandene Hilfsbereitschaft der anderen, durch die demokratischen Prozesse in den Demokratischen Schulgemeinschaften abgebaut werden konnte.

Ebenso relevant für die Förderung der Handlungskompetenz ist die Tatsache, dass die Schüler sich ihrer persönlichen Verantwortung für die Einhaltung von Schulregeln bewusst sind, was in den beiden Demokratischen Schulgemeinschaften auf 50 % der Schüler zutraf, in den anderen Schulen aber nur auf 5 bis 12 %. Auch orientieren sie sich in Diskussionen über Probleme der Normdurchsetzung überwiegend an ›sozialen‹, kollektiv beschlossenen Normen (im Mittel erhalten sie den ›Kollektivitäts-Grad‹ 11 auf der Skala von C. POWER; vgl. HIGGINS et al., 1984, S. 87 ff.) und nicht nur allein an ›individuell‹ verankerten Normen des Vertrauens und der Gerechtigkeit (Kollektivitäts-Grad 4), wie dies bei der Mehrzahl der Schüler und Schülerinnen an den anderen Schulen gefunden wurde. Diese Gruppenorientierung kommt auch in ihrer größeren Wertschätzung der Gemeinschaft zum Ausdruck (S. 105). Diese Ergebnisse können natürlich nicht alle dem Demokratischen Gemeinschafts-Ansatz zugerechnet werden. Das Engagement der Lehrer, die Überschaubarkeit des schulischen Kontextes und die Aufgeschlossenheit der Schüler spielen hierbei sicher ebenfalls eine wichtige Rolle.

11.6 Demokratische Gemeinschaft in großen Schulen?

In der Anfangsphase der Versuche, das Konzept der Gerechten Gemeinschaft im Schulleben zu realisieren, war es notwendig, die Gemeinschaft zahlenmäßig zu begrenzen und das Ausmaß der den Schülern übertragenen Verantwortung für gemeinsame Entscheidungen gering zu halten. Überschaubarkeit und Vertrautheit sind wichtige Bedingungen für eine konstruktive Bewältigung von Schwierigkeiten, wie sie in jedem neuen Ansatz zu erwarten sind. Teilweise war man sogar überzeugt, dass der Demokratische Gemeinschafts-Ansatz nur in kleinen Schulen oder Schuleinheiten realisierbar sei. In den letzten Jahren haben sich aus den Kleine-Schule-Projekten heraus Ansätze zu einer Demokratisierung auch der größeren Schuleinheit, vor allem der jeweiligen Mutterschule ergeben. Aus den kleinen Versuchseinheiten sind Erfahrungen und Vorgehensweisen zunehmend in das Schulleben der gesamten Institution übernommen worden.

Was als kleiner, begrenzter und wissenschaftlich inspirierter Versuch begann, ist in den letzten Jahren in der größeren Schuleinheit zum integralen Bestandteil des Schulalltags geworden. Hierbei spielte erstens eine Rolle, dass sich die Idee der Gerechten Gemeinschaft und der demokratischen Partizipation von Schülern nicht als lernhemmend, sondern als wichtige Basis konstruktiver Konfliktregulierung erwies, und zweitens, dass Schulbehörde und Schulleitung erkannt haben, dass ihre Schule einen pädagogischen Impuls braucht, um vorhandene Probleme zu lösen und Lehrern wie Schülern neue Motivation zu verschaffen. Die Brookline High School hat seit 1981 Elemente der Demokratischen Gemeinschaft auch in der regulären Schule übernommen. Regelmäßig werden Vollversammlungen durchgeführt, in denen über Anliegen der gesamten Schule abgestimmt und Repräsentanten und Delegierte für spezielle Komitees gewählt werden. Das wichtigste Komitee ist das aus Lehrern und Schülern bestehende Fairness-Komitee, in dem Disziplinprobleme behandelt und in einem durch die Schulordnung begrenzten Rahmen bindend für die Schulverwaltung entschieden werden. In Zukunft sollen weitere Aufgaben, die bis jetzt die Schulleitung wahrnimmt, solchen Komitees und der Vollversammlung (›Town meeting‹) übertragen werden (vgl. HIGGINS, 1987; POWER, 1986; POWER et al., 1989; OSER & ALTHOF, 1992).

Diesem Modell (bestehend aus einer kleineren Schuleinheit mit einem Demokratischen Gemeinschafts-Ansatz und einzelnen ihrer Elemente auf der Ebene der gesamten Schule) folgten auch die Schulversuche in Scarsdale, einem wohlhabenden Ort mit überwiegend weißen Einwohnern nördlich von New York, und in New York City. Die *Scarsdale Alternative School* (S. A. S.), eine selbstständige Einheit der *Scarsdale High School,* ist aus der alternativen Schulbewegung der sechziger Jahre hervorgegangen. Wie viele solcher Ansätze sah sich die S. A. S. in den siebziger Jahren wachsenden Problemen ausgesetzt, die auch aus ihren inneren Widersprüchen resultierten. Nach und nach zerbrach die Einigkeit der Lehrerschaft, die sich weitgehend auf das beschränkt hatte, was man ablehnte. In dieser Situation hat die Schule beschlossen, den Demokratischen Gemeinschafts-Ansatz von KOHLBERG in ihrer Schule zu verwirklichen. »Das Überleben der S. A. S. in den späten siebziger Jahren und ihre heutige starke Position als ein experimenteller Zweig der Scarsdale High School ist«, wie zwei Mitbegründer berichten, »größtenteils auf die extrem positiven Auswirkungen der kognitiven Theorie der Moralentwicklung auf die Schule und die Bildung einer ›just community‹ zurückzuführen«. Lehrer aus dieser Schule helfen heute bei der Entwicklung einer Gerechten Gemeinschaft in der *Roosevelt* Schule in der Bronx.

Bei den beiden Schulen in der Bronx handelt es sich um große Institutionen, die sich von dem Demokratischen Gemeinschafts-Ansatz die Lösung spezifischer pädagogischer Probleme erhofften. In der *Bronx High School of Science,* einer Eliteschule mit hohen Leistungsanforderungen, beherrschen in hohem Maß Konkurrenzdruck und Angst vor Versagen das Schulleben. In der *Roosevelt High School,* einer typischen Ghetto-Schule, charakterisieren Gewalt, Vandalismus und Lernunlust den Schulalltag. In beiden Schulen begann im Sommer 1985 ein Modellversuch mit einer kleinen Gruppe von Lehrern und Schülern, unterstützt durch die Schulbehörde des Staates New York. Bereits nach knapp einem Jahr wollte die Schule die ›Just Community‹ ausweiten.

11.7 (Richtige) Evaluation hilft bei der Weiterentwicklung und Anpassung des Ansatzes

Der Ansatz schafft nicht nur für die Beteiligten Transparenz, sondern auch für Außenstehende aufgrund einer gründlichen wissenschaftlichen Erfahrungssicherung. Die Veränderung der Schule mit dem Ziel, moralisch-demokratische Fähigkeiten zu fördern, wurde in der Vergangenheit oft erschwert durch die Tatsache, dass auf diesem Gebiet nur Einstellungen oder periphere Sachkenntnisse untersucht werden konnten. Veränderte soziale Einstellungen bei Schülern wurden daher in der Öffentlichkeit oft mit dem Hinweis auf den ›weichen‹ Charakter dieser Befunde relativiert. Solche Einstellungen, so wurde kritisiert, könnten sich leicht ändern und würden allein die gute Meinung widerspiegeln, die die Schüler von ihrer Schule haben. Diese Einwände sind schon bisher nur teilweise berechtigt gewesen. Mit der Entwicklung neuer, kognitiv-struktureller Erhebungsmethoden ist es nun möglich, neben den Einstellungen und den Meinungen der Schüler über ihre Fähigkeiten im sozialmoralischen Bereich diese Fähigkeiten selbst zu messen (vgl. Colby et al., 1987; Lind & Wakenhut, 1985; Rest, 1979). Wir sind dadurch in der Lage, erzieherische Ergebnisse schulischer Bildung objektiv, d. h. für Außenstehende nachvollziehbar festzustellen, spezielle Curricula und Lehrmethoden auf ihre Wirksamkeit hin zu überprüfen und die Erfahrungen aus der schulumfassenden Erprobung des Demokratischen Gemeinschafts-Ansatzes transparent zu machen. Damit ist eine wichtige Voraussetzung für die öffentliche Diskussion der Ziele und Ergebnisse moralischer Erziehung geschaffen, was ich als eine grundlegende Bedingung für die Weiterentwicklung der Schule in einer offenen und demokratischen Gesellschaft ansehe.

11.8 Einige Empfehlungen für schulpraktische Erprobungen

Ende der sechziger Jahre, so stellte Roth (1971) mit Verwunderung fest, klang die Frage, was die Schule zur moralischen Entwicklung und Förderung beitragen kann, »reichlich unmodern«, und dies obwohl »sich nach zwei Weltkriegen und der moralischen Niederlage Deutschlands die Einsicht in die Notwendigkeit immer mehr verstärkte, dass man in der Schule politische Erziehung betreiben müsse, was immer auch einen Auftrag zu moralisch-politischer Erziehung bedeutet« (S. 28). Dieses Unmoderne haften Moral und Demokratie immer noch an, auch wenn sich unter dem Eindruck globaler Entwicklungen, Terrorismus, Gewalt an Schulen usw. der öffentliche Diskurs wieder etwas mehr zugunsten dieser Begriffe zu wenden scheint.

Die allgemeinbildenden Schulen leisten aber unabhängig von diesen Schwankungen der öffentlichen Meinung offenbar einen wichtigen Beitrag zur individuellen Moralentwicklung und damit auch zur Fortentwicklung unserer demokratischen Gesellschaftsordnung. Sie sind die wichtigsten Instrumente gesellschaftlicher Entwicklung. Dieser Beitrag von allgemeinbildenden Institutionen reicht aber offenbar nicht mehr aus, um die heute erforderlichen Kompetenzen zur Lösung sozio-moralischer Probleme auszubilden. Die Größe vieler Schulen und die hierdurch geschaffene Anonymität erschwert zudem den Aufbau von Identität und Integrität und belastet die Beziehung zwischen Individuum und Gesellschaft. Über die Bemühung um eine Verwissenschaftlichung des Unterrichts wurde zudem die soziale Dimension der Bildung oft vernachlässigt. Schließlich wachsen mit der Vermehrung technologischer Handlungskompetenzen Art und Umfang der individuellen Verantwortung und somit auch das Problem, moralische Integrität zu wahren.

Der Demokratische Gemeinschafts-Ansatz erscheint seinem Ziel und seinen Wegen nach geeignet, eine Antwort auf diese Entwicklung zu geben. Der Ansatz ist nicht nur vereinbar mit den Zielen demokratischer Erziehung, sondern er vermag in der Tat, wie die bisherigen Erprobungen in amerikanischen Schulen gezeigt haben, die Qualität des Schullebens und die moralische Urteilsfähigkeit deutlich zu fördern. Der Ansatz liefert keine Patentrezepte für erzieherisches Handeln. Die Bedingungen für eine Demokratische Gemeinschaft sind von Schule zu Schule zu verschieden, so dass eine einfache Übertragung nicht möglich ist.

Das eingehende Studium der bisherigen Schulversuche lässt einige Schwächen und Widersprüchlichkeiten deutlich werden, die hier nicht im Detail behandelt werden konnten, die aber in neuen Versuchen bedacht werden müssen. Als Leitlinie und Erfahrung für die Implementierung einer Gerechten Gemeinschaft an neuen Schulen sind die bestehenden ›Just Community‹-Schulen jedoch von großem Wert.

Auf der Ebene der Schule kann aus den bisherigen Erfahrungen die Empfehlung abgeleitet werden, mit Unterrichtsveranstaltungen (der Dilemma-Methode) zu beginnen, den Demokratischen Gemeinschafts-Ansatz zunächst in einem überschaubaren Teil der Schule (z. B. in der Oberstufe eines Gymnasiums oder in den beiden Abschlussklassen einer Berufsschulabteilung) einzurichten und den Ansatz später, auf der Grundlage eigener Erprobung, schrittweise in der gesamten Schule zu realisieren. Dabei sollten kleine, überschaubare Untergliederungen der Schule beibehalten und ähnlich wie in einigen deutschen Versuchsschulen (z. B. in der Gesamtschule Waldau bei Kassel) feste Schüler-Lehrer-Gruppen und ›Häuser‹ eingerichtet werden, die unabhängig von Alters- und Leistungsdifferenzierungen sind.

Wichtig erscheint, dass der Versuch von allen Beteiligten – von einem engagierten Direktor und von den Lehrern, von Schülern und Eltern – getragen wird, und dass auch die Schulbehörde seine Zielsetzung unterstützt. Welche

Konsequenzen das Konzept der Demokratischen Schulgemeinschaft für Bildungsplanung und -politik konkret hat, muss zum Teil im Prozess der Erprobung und Implementierung selbst festgestellt werden. Vorab können nur einige allgemeine Überlegungen angestellt werden: Eine wesentliche Konsequenz (und Voraussetzung) der Demokratischen Schulgemeinschaft ist die Erweiterung der schulischen Autonomie in Bezug auf Planung und Gestaltung des Schullebens. Es ist vor allem wichtig, dass Schulbehörden und -planer mit schulischen Repräsentanten (auch mit Schülern und Lehrern) in einen kontinuierlichen Dialog über die Erprobung verschiedener Partizipationsformen und über Entscheidungskompetenzen der Schülerinstitutionen eintreten.

Weiterhin, so meine ich, muss der zeitliche und intellektuelle Aufwand für die Entwicklung einer guten Schulatmosphäre und die Förderung der moralisch-demokratischen Kompetenz in der Bedarfsplanung der Schule berücksichtigt werden. Dieser Aufwand kann nicht allein durch individuelles Engagement getragen werden, sondern muss durch Investitionen im Bereich der Lehreraus- und -fortbildung und durch neue Funktionsstellen an der Schule abgesichert werden. Schließlich muss die Kommunikation zwischen Schule und Außenwelt gefördert werden, damit die in der Demokratischen Schulgemeinschaft stattfindenden Veränderungen nach außen wirken können und für Außenstehende transparent und nachvollziehbar werden, statt Misstrauen und Abwehr zu erzeugen. Demokratische Schulgemeinschaften sind zunächst auf kleinere, die Primärkommunikation ermöglichende Teilschulen begrenzt und darum bemüht, eine Vertrauensbasis innerhalb einer für den Einzelnen überschaubaren Gemeinschaft zu schaffen. Sie tendieren daher in der Anfangsphase dazu, wie LIGHTFOOT (1983) notierte, die Beziehungen zur ›out-group‹, dem Rest der Schule und der Gesellschaft zu vernachlässigen. Dieses Problem ist nicht dadurch zu lösen, dass man die Schulen verkleinert. Die Schule muss auch nach außen gerechte Interaktionsformen entwickeln. Moralisch-demokratische Urteilsfähigkeit muss sich gleichermaßen in und außerhalb der Schule bewähren.

Moralische Bildung wird vielfach gefordert, wurde aber bislang weitgehend der Eigeninitiative von Lehrern, Schülern und Eltern überlassen. Wenn die wenigen Untersuchungen, die es dazu gibt, und der Eindruck von vielen Schulbesuchen nicht täuschen, dann hat diese Eigeninitiative mehr erreicht, als die Öffentlichkeit bislang wahrgenommen hat – aber weniger als möglich gewesen wäre, wenn wir in diesen absolut moralischen Bildungsbereich auch nur annähernd so viel Energie und Mittel investieren würden wie in den fachlichen.

Für die festgestellte, positive Wirkung von Schule und Hochschule auf die Entwicklung moralischer Fähigkeiten scheinen in den letzten drei Jahrzehnten an Schulen und Hochschulen einigermaßen günstige Bedingungen geherrscht zu haben: gute, engagierte, demokratie-bewusste LehrerInnen mit –

im Vergleich zu vielen anderen Ländern – guten Arbeitsbedingungen sowie die verstärkte Flexibilisierung der Lehrpläne und die damit einhergehende Stärkung der Eigenverantwortung der Lehrkräfte und Schulen. Diese Bedingungen waren aber noch weit von dem entfernt, was man unter einer ›autonomen Schule‹ versteht, jedoch waren sie besser als dies selbst vielen Betroffenen im Alltagsbetrieb bewusst geworden ist.

Jetzt, wo uns zum ersten Mal Belege für den Zusammenhang zwischen den Freiräumen für Eigenverantwortung einerseits und moralischer Entwicklung andererseits vorliegen, mehren sich die Zeichen für eine Verschlechterung der Entwicklungsbedingungen. Die Freiräume werden von vielen Seiten bedroht, vor allem von der Verkürzung der Schul- und Studienzeit und von der Einführung flächendeckender, regelmäßiger Leistungstests und der – damit verbundenen – immer stärkeren Einengung der Bildung auf die Förderung von einigen wenigen fachlichen Fähigkeiten (die vermeintlichen ›Basisfähigkeiten‹ wie Mathematik, Naturkunde und Lesen). Mit größeren Klassen und kürzeren Lernzeiten wird, so muss man befürchten, das bislang erreichte Niveau der moralisch-demokratischen Bildung wieder gesenkt.

Was ist zu tun? Zwei Punkte erscheinen mir vordringlich: Erstens sollten Leistungstests allein für die Diagnose und Information von Lehrern und Schülern über Lernzuwächse und die Wirkung neuer Lehrmethoden eingesetzt werden. Man sollte darauf verzichten, sie zur Verstärkung von Leistungskonkurrenz einzusetzen. Solche Leistungskonkurrenz auf wenigen, willkürlich ausgewählten Lernfeldern führt unweigerlich dazu, dass alle anderen Lernfelder zum Schaden des allgemeinen Bildungsauftrags von Schule und Hochschule vernachlässigt werden. Letztendlich leidet hierunter auch die moralische Bildung und damit auch die Demokratie. Zweitens sollte allen Lehrerinnen und Lehrern, aber auch allen Hochschuldozenten ein qualitativ hochwertiges Fortbildungsprogramm angeboten werden, in dem sie lernen können, wie man fachliches und moralisch-demokratisches Lernen verbinden kann. Ein solches Fortbildungsangebot kann durchaus berufsbegleitend angelegt sein, das Programm sollte sich jedoch auf mindestens zwei Semester erstrecken und die Lernenden sollten teilweise von ihren schulischen Verpflichtungen entlastet werden, damit sie ausreichend Zeit zum Lernen und zur Erprobung des Gelernten haben.

12 Häufig gestellte Fragen

12.1 Allgemeine Fragen zur Moralentwicklung

Ist moralische Urteils- und Diskursfähigkeit nicht dasselbe wie Emotionale Intelligenz?

Zwischen beiden Begriffen gibt es starke Überschneidungen. Der Begriff der moralischen Urteils- und Diskursfähigkeit schließt das Emotionale mit ein und hebt sich damit von der Vorstellung ab, dass Intelligenz nichts mit Gefühlen zu tun habe. Gerade im Gefühlsbereich kommt es sehr häufig zu Konflikten, die moralischer Natur sind und die mit Intelligenz allein nicht zu lösen sind.

Wie hängen Urteil und Verhalten zusammen?

Das kommt darauf an, was damit gemeint ist. Wenn damit der Zusammenhang zwischen moralischer Urteilsfähigkeit und Verhalten in bestimmten Situationen gemeint ist, dann kann ich auf das verweisen, was ich in diesem Buch unter dem Stichwort ›Zwei-Aspekte-Modell‹ gesagt habe: Die Urteilsfähigkeit ist oft erforderlich, um unsere moralischen Ideale in konkreten Situationen anwenden zu können. Es besteht also ein enger Zusammenhang.

Wenn aber unter ›Urteil‹ eine Verhaltensabsicht verstanden wird (»Ich will in dieser Situation hilfreich sein«), dann ist der Zusammenhang oft weniger stark ausgeprägt. Häufig hat man Bedenken, die einen in Verwirrung stürzen: »Ich habe gerade wenig Zeit«, »Das können doch auch andere tun«, »Was kann ich hier eigentlich tun?«, »Ich möchte nichts falsch machen« etc. Wenn diese Widersprüche nicht auflösbar sind, wirken sie lähmend.

Ist Moralerziehung nicht nur etwas für Schüler mit Verhaltensproblemen?

Ich glaube, es gibt kaum jemand, der nicht in eine Situation kommen kann, in der er oder sie vor einem schwer lösbaren moralischen Problem steht, und daher nicht von der Förderung seiner Urteilsfähigkeit profitieren könnte. Menschen mit ›Verhaltensproblemen‹ treffen wir in allen Schichten und Lebenslagen an. Einige werden auffällig, weil sie bereits von relativ einfachen Problemen überfordert werden. Anderen dagegen gelingt es besser, solche Probleme zu verbergen.

Warum sollten nur Menschen mit einer langen Ausbildung eine hohe Urteilsfähigkeit entwickeln? Ist ein Akademiker moralischer als ein Arbeiter? Ich kann das nicht glauben. Es gibt auch korrupte oder kriminelle Akademiker.

Zunächst einmal ist festzuhalten, dass die Befundlage sehr eindeutig ist: Umfang und Qualität der Allgemeinbildung zeigen den stärksten Zusammenhang mit dem Niveau der moralischen Urteilsfähigkeit an. Das gilt unabhängig von der Untersuchungsmethode. Es ist aber wichtig zu betonen, dass der Umfang der Ausbildung allein nicht reicht, sondern dass es sehr stark auf die Qualität der Bildung ankommt, wie wir in diesem Buch gezeigt haben. In manchen Ländern finden wir daher einen geringeren Zusammenhang.

Warum sind dennoch auch Menschen mit viel Bildung moralisch überfordert oder gar kriminell? Zum einen sind die moralischen Anforderungen und Versuchungen für Menschen mit höherer Bildung oft auch größer als für Menschen mit geringer Bildung. Sie werden durch ihren Beruf und ihre Position oft mit weitaus komplexeren moralischen Problemen konfrontiert als andere Menschen, für die selbst ihre bessere moralische Urteilsfähigkeit nicht ausreicht. Zum anderen sind das, was wir darlegen, immer nur Mittelwerte, von denen einzelne Menschen natürlich abweichen können.

Ich kann mir vorstellen, dass gute Schüler, die so etwas auch schon öfter gemacht haben, mit der Dilemmadiskussion gut klar kommen. Aber ist das auch etwas für andere, schwierige Schüler?

Diese Methode ist nicht nur für ›gute‹ Schüler und ›gute‹ Klassen gedacht. Es stimmt, dass diese sich oft schneller in die Regeln der Dilemmadiskussion hineinfinden, eifriger mitdiskutieren und es ihnen auch großen Spaß macht. Aber eigentlich hat sich diese Methode bei allen Schülern gut bewährt. Auch schwächere Schüler mit Problemen lernen die beiden Grundregeln der Dilemmadiskussion relativ schnell. Sie müssen sich manchmal mehr Mühe geben, zeigen dafür aber auch die auffälligsten Gewinne.

Ich habe gelesen, dass die Dilemmadiskussion bei Jugendlichen kaum Wirkung zeigt, sondern erst bei Erwachsenen. Was soll man statt dessen mit ihnen tun?

Das Gegenteil ist der Fall: die Methode ist in der Form, wie sie in diesem Buch beschrieben und oft praktiziert wird, gerade bei Adoleszenten zwischen 10 und 16 Jahren besonders wirksam. Dies wurde, wie im Buch gezeigt, in vielen Studien belegt. Das heißt nicht, dass sie bei Erwachsenen oder bei kleineren Kindern nicht wirksam ist. Natürlich muss sie dafür mehr oder weniger stark abgewandelt werden. Ich habe schon mit vielen Erwachsenen aus unterschiedlichsten Berufen Dilemmadiskussionen durchgeführt und auch schon mit 4-jährigen über moralische Probleme diskutiert, wenn auch mit einer stark abgewandelten Methode.

Die Fehlinformation, dass diese Methode nur bei Erwachsenen, aber nicht bei Jugendlichen und Kindern wirke, resultiert aus Studien, die gar nicht die Fähigkeiten zum moralischen Urteilen und Diskutieren gemessen haben, sondern lediglich moralische Einstellungen. In diesen Studien waren die Effekte der Methode insgesamt sehr viel niedriger und nur bei Erwachsenen anzutreffen, was nicht verwundert, weil Dilemmadiskussionen dazu gedacht sind, Fähigkeiten zu fördern und nicht Werthaltungen zu beeinflussen.

Stimmt es, dass Mädchen eine niedrigere Moral haben als Jungen?
Das stimmt absolut nicht. Das Geschlecht spielt bei der Entwicklung der moralischen Urteils- und Diskursfähigkeit so gut wie keine Rolle. Dieses Vorurteil wird durch eine umfangreiche Forschung widerlegt. Mädchen und Jungen unterscheiden sich natürlich hinsichtlich ihrer Meinung zu geschlechtsspezifischen Themen wie Abtreibung und Wehrdienst. Aber die Frage, wie gut sie darüber urteilen und diskutieren können, hängt nicht vom Geschlecht, sondern von anderen Dingen, vor allem der Qualität ihrer Bildungserfahrungen ab.

12.2 Fragen zur Methode der Dilemmadiskussion

Hat die Dilemmadiskussion einen Effekt?
Ja, der Effekt ist sehr groß, größer als sonst in pädagogischen und psychologischen Interventionen festgestellt wird.

Sind reale Dilemmas besser als hypothetische?
Beide Arten von Dilemmas sollten in der Schule verwendet werden, wobei ich empfehle, mit hypothetischen anzufangen und dann, zur Verstärkung des Lerngewinns, auch reale Dilemmas mit einzubeziehen. Die stärkeren Effekte wurden übrigens für hypothetische Dilemmas festgestellt. Reale Dilemmas (wie sie im Rahmen der Demokratischen Schulgemeinschaft behandelt werden) haben auch einen Effekt, der aber schwächer ist. Für hypothetische Dilemmas spricht auch, dass sie sich didaktisch besser gestalten lassen.

Kann die Methode der Dilemmadiskussion mit anderen Methoden direkt kombiniert werden?
Im Prinzip ja, aber nicht mit allen. Dilemmadiskussionen sollen das ernste Reflektieren über ein moralisches Problem ohne Zeit- und Konkurrenzdruck ermöglichen. Man kann die Methode daher nicht direkt mit einem Rhetorikwettkampf oder einem Rollenspiel verbinden, da mit diesen Dinge andere, mit dieser Methode nicht kompatible Ziele verfolgt werden.

Was darf an der Methode verändert oder angepasst werden?
Wenn die in diesem Buch genannten zentralen Ziele und didaktischen Prinzipien eingehalten werden, kann an der Methode so ziemlich alles verändert werden, um sie besser den Erfordernissen des jeweiligen Fachs, der Altersgruppe oder anderen Dingen anpassen zu können. Es empfiehlt sich

aber, zunächst mit der ›klassischen‹ Form zu arbeiten, bis man genügend Sicherheit hat, um sich an Modifikationen zu wagen.

Wie häufig soll man eine Dilemmadiskussion durchführen?

Alle zwei bis drei Wochen in einer Klasse hat sich als ein guter Rhythmus heraus gestellt.

Die Dilemmageschichten scheinen mir sehr artifiziell. Wäre es daher nicht sinnvoller, über reale Konflikte zu diskutieren?

Bei der Methode der Dilemmadiskussion wird über hypothetische (oder besser: semi-reale) Konflikte geredet; bei der Demokratischen Gemeinschaftsschule über reale Konflikte.

Wenn ein Dilemma artifiziell ist, wird es kaum eine gute Diskussion auslösen. Aber hypothetisch oder semi-real muss nicht ›artifiziell‹ heißen. Ein semi-reales Dilemma hat keine direkten Folgen für die Personen, die darüber diskutieren. Insofern ist es bloß hypothetisch oder gedacht. Aber es ist real in dem Sinne, dass genau so ein Konflikt auch in Wirklichkeit auftreten könnte oder schon aufgetreten ist, und das darin vorkommende Dilemma von den meisten Diskussionsteilnehmern als real nachempfunden wird. Real sind also die moralischen Gefühle in den Schülern, die hierdurch ausgelöst werden, und die Konflikte, in die diese Gefühle geraten können.

Ist es ein Ziel der Dilemmadiskussion, Emotionen zu verdrängen?

Nicht Verdrängen, sondern *Integration* von Emotionen mit verstandesgeleitetem Handeln ist ein wichtiges Ziel der Dilemmadiskussion. Moralische Gefühle sind ein ganz wichtiger Bestandteil eines moralisch entwickelten Verhaltens. Moralische Gefühle wie zum Beispiel ›gerechter Zorn‹, ›moralische Schuld‹ oder ›Mitleid‹ können aber zum Problem werden, wenn sie zu stark werden und wenn sie miteinander in Widerspruch geraten. Gewalt gegen andere und gegen sich selbst wird nicht selten von solch starken Gefühlen oder Gefühlskonflikten ausgelöst, die der Einzelne nicht mehr beherrschen kann. Mit der Dilemmadiskussion werden, wie beim Impfen gegen schwere Krankheiten, bei den Teilnehmern milde Formen von moralischen Gefühlen ausgelöst (!), um so ihre Fähigkeit im Umgang mit solchen Gefühlen zu fördern, ohne sie zu überfordern. Die Hoffnung ist, dass ihnen diese Fähigkeit in realen Kontexten einmal helfen wird, mit stärkeren Gefühlen und Konflikten besser fertig zu werden. Wir wissen, dass dies der Fall ist. Oft sagen auch die Teilnehmer, dass sie sich durch die Diskussion über solche hypothetischen Probleme besser auf ähnliche Situationen vorbereitet fühlen, in denen es einmal ernst wird.

Ist es in einer Leistungsgesellschaft zweckmäßig, mit Schülern moralische Diskursfähigkeit einzuüben, wenn es in unserer Gesellschaft doch nur das Recht des Stärkeren gibt?

Wenn gefragt wird, ob die Ziele der Dilemmadiskussion mit den Zielen unserer Gesellschaft identisch oder kompatibel sind, dann würde ich das bejahen. Nirgends in unserer Verfassung oder Rechtsprechung kann ich ein ›Recht des Stärkeren‹ verankert finden, sehr wohl aber das Prinzip der Achtung vor der Menschenwürde, das ein zentrales Prinzip auch dieser Methode ist.
Wenn damit gemeint ist, dass das moralische Ideal einer Demokratie in unserer Gesellschaft nicht erreicht ist, dann erscheint es mir umso wichtiger, dass die Schule dabei mithilft, dass die Menschen dieses Ideal besser umsetzen.

Wäre es nicht besser, die selbstgesteuerte Diskussion (Ping-Pong-System) durch ein Aufrufen durch den Diskussionsleiter zu ersetzen, um damit Chaos zu vermeiden?

Die selbstgesteuerte Diskussion führt nicht zu Chaos. Die Schüler lernen relativ schnell, sie zu schätzen. In der Regel sorgen sie auch selbst dafür, dass jeder einmal drankommt. Hin und wieder passiert es, dass zwei sich in einander ›festbeißen‹. Dann kann der Lehrer versuchen, die Aufmerksamkeit dieser Schüler auf andere zu lenken, die sich auch melden, aber nie dran genommen werden.

Wäre es nicht besser, die Schüler würden anonym abstimmen, um zu verhindern, dass Schüler sich aufgrund des Gruppendrucks in einer Klasse nicht ehrlich äußern können?

Lernen, offen und in der Öffentlichkeit für die eigene Meinung einzutreten, ist eines der wichtigsten Lernziele der Dilemmadiskussion. Daher stellt die offene Abstimmung ein wichtiges Element dieser Methode dar. Bei jüngeren Schülern kann das dazu führen, dass man sich nicht richtig entschließen kann, wie man abstimmen soll, weil die besten Freunde oder die Wortführer in der Klasse anders stimmen als man es selbst tun würde. Hier kann man ein wenig nachhelfen, indem man die Schüler bei der Abstimmung kurz die Augen schließen lässt. Danach sollte aber jeder sehen, wie die anderen stimmen.

Die Dilemmas sind oft ziemlich Schwarz-Weiß-Malerei, die Unlösbarkeit eines Problems steht zu sehr im Vordergrund. Wäre es nicht besser, in Dilemmas auch Alternativen einzubauen?

Oft stellt aber auch das Leben uns vor solche simplen Alternativen: entweder gibt der Arzt der todkranken Frau die Überdosis des Schmerzmittels oder nicht. Ein bisschen tot kann man nicht sein.
Aber auch aus didaktischen Gründen kann es klug sein, die Möglichkeit der Alternativen auf zwei zu beschränken. Jüngere Schüler und auch viele Erwachsene sind in der Regel überfordert, wenn sie sich zwischen mehr als zwei Alternativen entscheiden müssen.

Mit dieser Frage kann aber auch gemeint sein, dass es im wirklichen Leben oft die Möglichkeit gibt, das moralische Dilemma, vor dem man sich sieht, durch eine ›technische Lösung‹ zu vermeiden. Das Dilemma, aus Embryonen Stammzellen für lebensrettende Medikamente zu gewinnen, wäre zum Beispiel gegenstandslos, wenn wir solche Stammzellen auch aus dem Gewebe von Erwachsenen gewinnen könnten. Da die Lösung moralischer Dilemmas zu den schwierigsten Dingen gehört, denen wir im Leben begegnen, ist es immer einen Versuch wert, sie durch technisch-wissenschaftliche Entwicklungen zu vermeiden. Für einen effektiven Moralunterricht ist ein solcher Ausweg aber nicht immer günstig, da die Schüler dann nicht mehr genötigt sind, über die Lösung eines moralischen Dilemmas nachzudenken. Mit hypothetischen Dilemmas haben wir die didaktische Möglichkeit, den Fokus auf einer Lösung des moralischen Problems zu halten. Bei realen Problemen ist das schwerer möglich.

Ich habe schon einmal Dilemmas ausprobiert, aber das hat überhaupt nicht funktioniert. Ich hatte das Lara-Dilemma ausgeteilt und gesagt, lest es einmal durch und diskutiert darüber? Die Schüler starrten mich nur an.

Das kann ich verstehen. Das Dilemma selbst ist wichtig, aber noch wichtiger ist die Fähigkeit des Lehrers, die Diskussion richtig vorzubereiten und eine optimale Lernumwelt für eine Dilemmadiskussion zu schaffen. In den Händen eines unausgebildeten Lehrers sind Dilemmas bestenfalls wirkungslos, möglicherweise aber auch problematisch.

Muss man erst ein Jahr lang studieren, bevor man die Dilemma-Methode anwenden darf?

Nein, natürlich nicht. Jeder muss irgendwo einmal anfangen, Erfahrungen zu sammeln. Wichtig dabei ist aber, dass ein Lehrer, der die Dilemmamethode anwenden will, sich zunächst einmal über ihre Ziele und wichtigsten didaktischen Prinzipien informiert. Dann ist es ratsam, selbst einmal an einer Dilemmadiskussion teilzunehmen oder zumindest eine oder mehrere im Video anzuschauen (solche Videos werden zur Zeit vom Autor produziert; einige können bereits von der Universitätsbibliothek Konstanz ausgeliehen werden). Schließlich kann man sich schrittweise an die Methode herantasten, indem man Schüler Dilemmas identifizieren lässt, über solche Dilemmas ein vertrautes Unterrichtsgespräch führt oder eine kurze Diskussion herbeiführt. Sehr hilfreich ist dabei die Supervision durch einen Kollegen, der ähnliche Versuche unternimmt.

Wo kann ich mich über aktuelle Entwicklungen zu der Methode der Dilemmadiskussion informieren?

Sie können sich unter den folgenden Web-Adressen in eine Verteilerliste eintragen. Dann erhalten Sie aktuelle Informationen. Die Web-Seite wird regelmäßig aktualisiert: http://www.democracy-education.net oder http://www.uni-konstanz.de/ag-moral/

12.3 Wo soll der Lehrer/die Lehrerin eingreifen?

Dürfen auch extreme, z. B. rechtsextreme, sexistische und rassistische Kommentare der Schüler zugelassen werden oder ist es nicht vielmehr meine Aufgabe als Pädagoge, solchen Mächten keine Plattform zu bieten?

Die Grundregel der Konstanzer Methode der Dilemmadiskussion (wie auch der ursprünglichen Methode von Blatt und Kohlberg) besagt, dass jeder Mensch respektiert werden muss und niemand im Raum oder außerhalb negativ (und auch nicht positiv) qualifiziert werden darf, dass aber ansonsten absolute Redefreiheit gilt und jeder alles sagen kann, was er oder sie sagen will. Hier folgt die Methode auch unserer Verfassung, die an erster Stelle die Achtung der Menschenwürde (Artikel 1 GG) und an zweiter Stelle die Glaubens-, Gewissens-, Bekenntnis- und Meinungsfreiheit (Artikel 4 und 5 GG) nennt. Wenn bestimmte Personen oder Personengruppen bewertet werden (wie z. B. »Peter spinnt«, »Juden sind geldgierig«, »Deutsche sind ehrlicher als andere«), dann ist ein Einschreiten angezeigt. Ich schreite dann auch ein. In den zwanzig Jahren, in denen ich Dilemmadiskussionen durchführe, ist es aber erst dreimal notwendig geworden, einzuschreiten, und zwar nur bei Erwachsenen, nie bei Jugendlichen (!), und auch nur bei sehr milden Vergehen. Rassistische oder sexistische Äußerungen habe ich in solchen Diskussionen noch nie erlebt.

Ein anderer Fall liegt vor, wenn ein Schüler zum Beispiel sagen würde, der Genuss und Verkauf von Haschisch solle erlaubt werden. Dies mögen manche Lehrer als empörend empfinden (ich selbst meine, man sollte sogar den Verkauf von Zigaretten verbieten). Aber für die Methode der Dilemmadiskussion gilt die Maxime von Rosa Luxemburg: »Freiheit ist immer die Freiheit des Andersdenkenden«. Keine Lehrerin und kein Lehrer kann hier eingreifen, ohne sich demokratisch unglaubwürdig zu machen. Auch ein völlig neutral formulierter Kommentar des Lehrers zu solchen Meinungen wirkt aus der Sicht der Schüler wie Zensur und Maßregelung durch ›die‹ Autorität. Interessanterweise erlebe ich immer wieder, dass die Schüler im Verlauf solcher Diskussionen selbst fast alles an- und aussprechen, was mir als Lehrer durch den Kopf geht. Für ein Eingreifen besteht daher kaum eine Notwendigkeit.

Ist es nicht so, dass die Diskussionen, da sie nicht vom Diskussionsleiter strukturiert werden, ohne Ergebnis ausufern?

Ja, Dilemmadiskussionen sind zumeist ohne ›Ergebnisse‹, in dem Sinne, dass sie selten mit einem einstimmigen Beschluss über die richtige Lösung des Problems enden. Oft bestehen die Meinungsunterschiede weiter und es gibt keinerlei Wechsel bei den Meinungen. Dies ist aber gewollt und völlig natürlich. Mit der Methode der Dilemmadiskussion soll niemand bekehrt oder wegen seiner Meinung bedrängt werden. Wer zu seiner Meinung steht, wird genau so geachtet wie der, der seine Meinung aus bestimmten Gründen ändert.

Dennoch gibt es Ergebnisse, aber in einem anderen Sinne, nämlich im Sinne von Lernergebnissen. Wenn man am Ende einer solchen Diskussion fragt, ob das Ganze denn einen Sinn hatte und was der Ertrag war, können viele Schüler ein Ergebnis feststellen. Hier einige Antworten: »Ich habe gelernt, dass es zu dieser Frage ganz verschiedene Meinungen gibt«. »Wenn ich wirklich einmal in eine solche Situation kommen würde, würde ich mich jetzt besser vorbereitet fühlen«. »Wir haben gelernt, miteinander vernünftig zu diskutieren, statt uns mit Gewalt zu bekämpfen«. »Ich bin mir über einige Dinge jetzt viel klarer geworden«. »Einige Argumente der Gegenseite waren schon interessant für mich«.

Darf man es als Diskussionsleiter/Lehrer zulassen, dass Fehlinformationen, die auf einem Wissensdefizit beruhen, ins Zentrum der Diskussion rücken. Müsste man nicht an dieser Stelle Wissen nachschieben?

Nein, dadurch würden die Schüler wieder an die Autorität des Lehrers erinnert, die für den Zeitraum der Dilemmadiskussion einmal zurückgenommen werden sollte. Aber nichts spricht dagegen, die Informationsdefizite anzusprechen und auf den dazu passenden Fachunterricht zu verweisen. Lehrer: »Ich bin mir auch nicht sicher, ob es ein solches Gesetz gibt. Aber ihr solltet den Politiklehrer fragen, der hier vielleicht weiter weiß.«

12.4 Fragen zur Demokratischen Schulgemeinschaft

Soll man immer alle Entscheidungen den Schülern zur Abstimmung vorlegen? Was tut man, wenn sie von der Schulleitung etwas verlangen, was gegen Verordnungen verstößt?

Ein Kollegium sollte grundsätzlich nichts zur Abstimmung freigeben, was in Gesetzen und Verordnungen eindeutig geregelt ist, bzw. sollte den Schülern vorab (!) erklären, welche Grenzen einer Entscheidung gesteckt sind. Der Gedanke der Demokratischen Gemeinschaftsschule würde aber einen starken Rückschlag erleiden, wenn eine Entscheidung von der Versammlung aller Schulmitglieder nachträglich ›kassiert‹ werden würde, weil das Kollegium ›kalte Füße‹ bekommen hat.

Kinder sprechen meistens härtere Strafen aus als Erwachsene. Kommt es da nicht zu Exzessen?

In keinem mir bekannten Schulversuch mit diesem Ansatz ist es zu irgendwelchen Exzessen gekommen. Im Gegenteil, externe Beobachter stellen immer wieder mit Erstaunen fest, wie gesittet es in den Vollversammlungen trotz des starken Engagements vieler Schülerinnen und Schüler zugeht und wie vernünftig die Beschlussvorlagen sind. Die damalige Bundestagsabgeordnete und spätere Kultusministerin von Rheinland-Pfalz, *Dr. Rose Götte,* die eine solche Versammlung in der Gutenberg-Realschule in Düren besucht hatte, sagte hinterher, sie wünschte, der Bundestag würde sich daran ein Vorbild nehmen.

Bei uns im Kollegium würden nur wenige Lehrer bei so etwas mitmachen. Kann man das auch mit wenigen Kollegen machen, die dann die anderen ›mitreißen‹?

Bei unserem Projekt *Demokratie und Erziehung in der Schule* (DES; siehe u. a. LIND & RASCHERT, 1987), hatten wir auch gedacht, dass wir an jeder Schule nur einige wenige zum Mitmachen bewegen könnten, waren dann aber sehr erfreut, dass an allen Schulen ein großer Teil mitmachen wollte, an zwei Schulen sogar fast alle Lehrer. Vielleicht haben einige Dinge dazu beigetragen, die wir im Unterschied zu anderen Projekten betont haben: a) die gründliche Information der gesamten Kollegien an zwei auseinander liegenden Pädagogischen Tagen; dadurch ergab sich die Möglichkeit, Bedenken und Fragen zu formulieren und sie gemeinsam auszuräumen; b) die klare zeitliche Begrenzung des Versuchs, der nur bei einer erneuten Zustimmung des gesamten Kollegiums fortgesetzt werden sollte; und c) die Klarstellung, dass die eingesetzten Methoden unter Beobachtung und Evaluation standen, aber keinesfalls das Kollegium selbst.

Die Auswirkungen der Demokratischen Gemeinschaftsschule auf die ganze Schule lassen sich nicht begrenzen. Es ist daher kaum möglich, wenn nicht alle Lehrer und vor allem der Schulleiter sie mit Sympathie und Wohlwollen begleiten. Dann genügt es auch, wenn der aktive Part nur von wenigen Lehrern bestritten wird (die dafür aber eine Entlastung erhalten sollten). Ohne die Unterstützung des gesamten Kollegiums und des Schulleiters sind Streit und Frustration vorprogrammiert.

Wo soll man die Zeit finden, um das zu machen, was eine Demokratische Schulgemeinschaft ausmacht, die Vorbereitungstreffen und Vollversammlungen? Schon jetzt ist der Stundenplan für die Schüler ganz voll. Auch die Lehrer sind bereits überbelastet.

Die Versammlungen finden im Rhythmus von ungefähr sechs Wochen statt, so dass dafür nicht allzu viel Unterricht ›geopfert‹ werden muss. Dieses Opfer wird jedoch meistens durch eine gesteigerte Lernbereitschaft der Schüler wieder wettgemacht. Besser sind natürlich Länder dran, bei denen dafür Klassenlehrer-Stunden zur Verfügung stehen, die Ganztagsunterricht haben und/oder die den Spielraum haben, Stunden aus anderen Fächern für die Versammlungen und Vorbereitungssitzungen einzusetzen.

Anhang

Mess- und Beobachtungsformulare

Beispiele für Unterrichts-Dilemmas

Ablaufplan Dilemmadiskussion

Dilemma:

Schule: Klasse: Lehrer/in:

Datum: Stunde: Besonderheiten:

Min.	Tätigkeit	Anmerkungen
0	Beginn. Jeder für sich: das Dilemma lesen und Fragen beantworten. Auf spätere Gelegenheit zur Diskussion hinweisen.	Blätter mit Geschichte und Fragen austeilen; Zeit lassen
5	Mit der Klasse klären: Was ist der *(moralische)* Kern des Problems? Was ging X wohl durch den Kopf?	Sicherstellen, dass *alle* Teilnehmer den Kern des Problems erfasst haben
10	Erste Abstimmung: Hat X richtig gehandelt?	Bei Abstimmung evtl. Augen schließen lassen
15	Klasse zuerst in Pro- und Contra-Gruppe aufteilen. Dann kleine Gruppen (3–4 Personen) bilden; Pro-Argumente sammeln und in eine Rangreihe bringen.	Gruppen nach Zufall bilden lassen; nie mehr als 4 Personen!
25	Diskussion im Plenum; die beiden Grundregeln erklären: a) Argumente angreifen, keine persönlichen Angriffe oder Lobe; b) wechselseitiger Aufruf nach Ping-Pong-Regel. Evtl. Lehrerrolle erklären.	Zwei Schüler zum Protokollieren an die Tafel bitten.
60	Kleine Gruppen (3–4); Argumente der Gegenseite bewerten und in eine Rangreihe bringen: Was ist das beste Argument der Gegenseite? Andere gute Argumente?	Tafel so stellen, dass die Gegenseite die Argumente sehen kann.
70	Gespräch im Plenum; Ergebnisberichte aus den Gruppen vortragen lassen. Minderheiten-Meinungen ermutigen.	Pro- und Con-Gruppe abwechselnd drannehmen
75	Zweite Abstimmung	Ergebnis an die Tafel schreiben
80	Nachfragen: Wie hat die Stunde gefallen? Was hat die Stunde bewirkt? Was sollte bewirkt werden? Habt Ihr schon einmal über diese Probleme diskutiert oder über ähnliche Probleme?	
90	Ende der Dilemma-Stunde	

Für eine ausführlichere Fassung des Ablaufplans siehe oben im Text und http://www.uni-konstanz.de/ag-moral/.

Beobachtungsbogen: Dilemmadiskussion

Schule/Klasse: Lehrer/in:
Datum: Anfang (Uhrzeit): Ende (Uhrzeit):

Name, Vorname des Beobachters: ____________________________

(Bitte Druckbuchstaben verwenden)

Instruktion: Bitte nehmen Sie sich *eines* der folgenden Beobachtungsmerkmale vor und notieren Sie im Abstand von **5 Minuten,** was Sie dazu beobachten. Nehmen Sie für jede Beobachtung eine neue Zeile.

	Code	
• **Mitarbeit**	M0	keiner in der Gruppe zeigt Interesse an der Stunde
	M1	nur wenige zeigen Interesse (sind aufmerksam, geben Antwort)
	M2	mindestens die Hälfte der Klasse zeigt Interesse
	M3	fast alle sind aufmerksam
	M3+	fast alle sind aufmerksam und mehrere arbeiten mit
• **Achtung**	A0	keiner beachtet, was andere Schüler sagen
	A1	einige Schüler finden Gehör, die meisten aber nicht
	A2	mindestens die Hälfte der Schüler findet Gehör
	A3	die meisten Schüler finden Gehör
	A3+	die meisten Schüler finden Gehör und manche antworten direkt auf Vorredner

Beobachtete Schüler (bitte eines ankreuzen):
❒ Gesamte Klasse ❒ anfänglich Passive ❒ PRO-Gruppe
❒ CON-Gruppe ❒ Andere (z. B. Jungen/Mädchen): ____________________

Min.	Code	Sonstige Beobachtung	Min.	Code	Sonstige Beobachtung
5			50		
10			55		
15			60		
20			65		
25			70		
30			75		
35			80		
40			85		
45			90		

Klassenbericht zur Dilemmadiskussion

Dilemma: Klassenstufe, Klasse, Geschlechterverteilung: Institution, Schule: Adresse (Ort, Land): Lehrer/in: Datum, Uhrzeit:	
Anmerkungen (Videoaufnahmen, weitere Beobachter etc.):	
Anlass und Platzierung im Stoffplan für die Klasse/Gruppe:	

Tafelanschrieb: Argumente Pro und Contra (Plenum)

Pro (das Verhalten von X war eher richtig)	**Contra** (… eher falsch)
Abstimmung vorher/nachher: __/__	__/__

Rückfragen der Schüler/Teilnehmer:

Antworten auf die Frage, was nach Meinung der Teilnehmer das Ziel der Diskussion war und wie es ihnen gefallen hat:

Andere Beobachter (z. B. Kollegin oder Kollege):

Kommentare anderer Beobachter:

Beispiele für Unterrichts-Dilemmas

Bitte nur verwenden, wenn Sie ausreichende Kenntnisse über die Methode der Dilemmadiskussion besitzen.

Weitere Dilemmas finden Sie unter folgender Internet-Adresse: http://www.uni-konstanz.de/ag-moral/oder http://www.democracy-education.net

Ein Video mit einer Dilemmadiskussion zu ›Jürgens Problem‹ kann von der Universitätsbibliothek Konstanz ausgeliehen werden. Weitere Videos sind in Vorbereitung.

Dilemma	Themen	Altersgruppen (ungefähre Angaben)
Susannes beste Freundin	Freundschaft, Gesetz, Diebstahl	10–16
Jürgens Problem (Video ausleihbar)	Freundschaft, Gesetz, Gewalt	10–16
Thomas war Zeuge	Freundschaft, Gesetz, Fürsorge	14–25
Kerstin: Beruf oder Baby?	Partnerschaft, Kinderwunsch, berufliche Karriere	16–
Müllers Erfindung	Umweltschutz, berufliche Karriere, Fürsorge	16–
Julia: Riskante Hilfe	Leben, Fürsorge, Gesundheit	16–
Bastians coole Idee	Gesetz, berufliche Karriere, Freundschaft, Fremde, Wissenschaft	16–
DNA nach Wunsch	Leben, Gesetz, Wissenschaft	16–
Richter Steinbergs Entscheidung	Verfassung, Menschenrechte, Fürsorge, Leben	16–
Embryonenspenderin Lara	Menschenrechte, Wissenschaft, Gesundheit, Armut	16–
Dr. Pauls Organentnahme	Gesetz, Religion, Gesundheit, Leben, berufliche Karriere	16–

In den Dilemmas, die für die Altersgruppen ab 16 Jahre empfohlen werden, wird die Anrede »Sie« verwendet. In abgewandelter Form können sie durchaus auch für jüngere Gruppen verwendet werden.

Susannes beste Freundin

Susanne ist mit Uli, ihrer besten Freundin, in ein Warenhaus gegangen, um Einkäufe zu machen. Sie schauen sich verschiedene Kleider an. Da sieht Uli eine Bluse, die ihr sehr gefällt. Sie sagt zu Susanne, dass sie die Bluse anprobieren wolle. Inzwischen schaut sich Susanne andere Sachen an. Susanne sieht, wie Uli aus der Umkleidekabine heraus kommt. Sie hat ihren Mantel an, winkt Susanne zu und zeigt kurz und auf die Bluse unter ihrem Mantel. Dann dreht sie sich um und verlässt schnell das Geschäft. Wenig später kommen der Detektiv des Geschäfts und der Geschäftsleiter auf Susanne zu und wollen ihre Tasche sehen. Dann verlangt der Detektiv, dass sie sagt, wer das Mädchen war, mit dem sie die ganze Zeit zusammen gewesen ist. Er sagt: »Sie hat eine wertvolle Bluse gestohlen. Du musst uns den Namen nennen, sonst kannst Du wegen Mithilfe bei einer kriminellen Tat bestraft werden.« Susanne beschloss, ihre Freundin nicht zu verraten.

Wie leicht oder schwer ist dir diese Entscheidung gefallen?

eher leicht 0 +1 +2 +3 +4 +5 +6 eher schwer

Gib bitte mit kurzen Sätzen oder Stichworten die Gründe für deine Meinung wieder:

____

____

____

____

____

Jürgens Problem

Jürgen und ›Kick‹ sind gute Freunde. Kick heißt eigentlich Sebastian. Er wird aber Kick genannt, weil er andere oft tritt. Er ist auch oft mit anderen in Kämpfe verwickelt. Aber mit Jürgen hat er nie Probleme gehabt. Auch Jürgen mag ihn. Kick hat ihm schon oft gegen Stärkere beigestanden. Eines Tages sieht Jürgen, wie Kick einen jüngeren Schüler aus einer anderen Schule verprügelt und erst aufhört, als der ihm seinen Geldbeutel gibt. Kick rennt davon, bevor Jürgen etwas tun konnte. Am nächsten Tag kommt die Polizei mit dem beraubten Jungen in die Schule. Sie fragt, wer gesehen habe, wie der Junge verprügelt und beraubt wurde. Der Junge entdeckt Jürgen. Er deutet auf ihn und sagt, er habe Jürgen zusammen mit dem gesehen, der ihn überfallen habe und dass Jürgen den Überfall auch gesehen haben muss.

Der Polizist fordert Jürgen auf, den Namen des Täters zu nennen, sonst würde er sich als Mitwisser strafbar machen. Jürgen verschweigt den Namen seines Freundes.

Wie leicht oder schwer ist dir diese Entscheidung gefallen?

eher leicht 0 +1 +2 +3 +4 +5 +6 eher schwer

Gib bitte mit kurzen Sätzen oder Stichworten die Gründe für deine Meinung wieder:

Thomas war Zeuge

Thomas hat ein Problem mit seinem besten Freund Mario. Mario brach die Schule ab, weil sein Vater schwer krank wurde, um als Fahrer zu arbeiten und die Familie finanziell zu unterstützen. Auf einer Party hatten sie beide zu viel getrunken, doch Thomas Freund wollte noch nach Hause fahren. Als er auf der Landstraße eine Linkskurve schneidet, kommt ihnen ein Auto entgegen. Die Fahrerin des Wagens versucht noch auszuweichen, aber die beiden Autos streifen sich und die Fahrerin kommt von der Fahrbahn ab. Thomas sagt Mario, er solle anhalten, um nach der Frau zu sehen, aber der hört nicht auf ihn. Am nächsten Morgen hört Thomas im Radio, dass die Beifahrerin des anderen Autos in Lebensgefahr schwebt und die Polizei nach Zeugen sucht und nach dem in den Unfall verwickelten PKW fahndet.

Thomas drängt seinen Freund, sich bei der Polizei zu melden, sonst würde er es tun. Aber Mario sagt, er könne das nicht tun. Thomas verspricht ihm, zu schweigen.

Wie leicht oder schwer ist dir diese Entscheidung gefallen?

eher leicht 0 +1 +2 +3 +4 +5 +6 eher schwer

Gib bitte mit kurzen Sätzen oder Stichworten die Gründe für Deine Meinung wieder:

____

____

____

____

____

Kerstin: Beruf oder Baby?

Kerstin studiert Französisch, Spanisch und Italienisch. Sie möchte Dolmetscherin bei einer internationalen Behörde im Ausland werden. Ihr Freund studiert Physik und hofft ebenfalls, nach dem Studium einige Jahre an einem Institut im Ausland arbeiten zu können. Er hat sogar schon ein sehr gutes Angebot, an einem renommierten Forschungslabor im Ausland zu arbeiten, wo auch Kerstin eine Stelle bekommen kann.

Kurz vor ihrem Examen wird Kerstin ungewollt schwanger. Als sie es bemerkt, ist sie schon im dritten Monat. Kerstin überlegt, was sie tun soll. Ein Kind käme ihr völlig ungelegen. Sie wollte später irgendwann schon Kinder haben. Zuerst wollte sie aber ihr Studium beenden und einen Beruf finden. Ein Kind würde bedeuten, dass sie das Examen und ihre Berufspläne lange hinausschieben müßte und auch nicht mit ihrem Partner ins Ausland gehen könnte. Ihr Partner sagt, dass er das Angebot nicht aufgeben kann und auf jeden Fall ins Ausland gehen will. Kerstin müßte sich dann allein um das Kind kümmern.

Andererseits stammt sie aus einem streng katholischen Elternhaus. Ihre Eltern sind strikt gegen eine Abtreibung. Auch sie selbst befürchtet, dass sie deswegen später vielleicht einmal ein schlechtes Gewissen haben könnte. Sie ist schon 25 Jahre alt und vielleicht klappt es später nicht mehr mit einem Kind, wenn sie erst Karriere macht. Dennoch entscheidet sie sich, den Fötus abtreiben zu lassen.

Wie leicht oder schwer ist Ihnen diese Entscheidung gefallen?

eher leicht 0 +1 +2 +3 +4 +5 +6 eher schwer

Geben Sie bitte mit kurzen Sätzen oder Stichworten die Gründe für Ihre Meinung wieder:

____

____

____

____

____

Müllers Erfindung

Herr Müller ist Chef-Chemiker in der Entwicklungsabteilung einer großen Chemiefabrik, dem einzigen Arbeitgeber in der Region. Die Firma droht geschlossen zu werden, da sie große Verluste macht. Vielen droht Arbeitslosigkeit. Auch Herr Müller ist besorgt. Er hat gerade ein Haus gebaut und seine drei Kinder gehen noch zur Schule und wollen studieren.

Herr Müller arbeitet seit einigen Monaten an der Entwicklung einer neuen chemischen Kleiderfaser, die seiner Firma großen Gewinn bringen würde. Als er die Entwicklung vollständig abgeschlossen hat, merkt er, dass bei der Produktion dieser Faser große Mengen giftige Abfallstoffe entstehen werden. Er berichtet seinem Chef darüber. Sein Chef rechnet ihm vor, dass die gefahrlose Beseitigung des Abfalls den ganzen Gewinn wieder aufzehren würde und die Firma dann bankrott wäre. Der Chef ordnet an, dass der giftige Abfall, wie das schon früher geschehen ist, einfach in den nahen Fluss geleitet wird und Herr Müller darüber absolutes Stillschweigen wahren müsse. Als das neue Produkt der Presse vorgestellt wird, fragt ihn ein Journalist, ob bei der Faserherstellung Abfallprodukte entstehen würden. Nach kurzem Überlegen sagt Herr Müller, nein, es würde überhaupt kein Abfall entstehen.

Wie leicht oder schwer ist Ihnen diese Entscheidung gefallen?

eher leicht	0	+1	+2	+3	+4	+5	+6	eher schwer

Geben Sie bitte mit kurzen Sätzen oder Stichworten die Gründe für Ihre Meinung wieder:

____

____

____

____

____

Julia: Riskante Hilfe

Julia, 18 Jahre alt, hat letztes Jahr an einem Erste-Hilfe-Kurs teilgenommen. Schon bald wird Sie Zeuge eines schweren Unfalls, bei dem sie ihr Wissen und Können anwenden muss. Aus dem Nachbargarten hört sie die Hilferufe ihrer Nachbarin. Frau Winter ist eine alte, gelähmt Dame, die auf die Hilfe ihres Enkels Sebastian angewiesen ist. Er kommt regelmäßig, um für sie einzukaufen, sie zum Arzt zu fahren und Haus und Hof in Ordnung zu halten. Doch heute hat er sich beim Schneiden der Hecke mit der Motorsäge schwer verletzt. Als Julia im Nachbargarten ankommt, findet sie Sebastian schon fast bewusstlos mit einer lebensgefährlichen Schlagaderverletzung vor. Sie weiß, dass sie schnell handeln, d. h. die Schlagader abdrücken und einen Druckverband anlegen müsste, um sein Leben zu retten. Es geht um Minuten. Aber sie weiß auch, dass Sebastian AIDS hat. Die Krankheit ist stark ansteckend und verläuft fast immer tödlich. Sie fasst Sebastian daher nicht an, sondern sucht nach Schutzhandschuhen und ruft den Rettungsdienst. Sie findet keine. Als der Rettungsdienst eintrifft, ist Sebastian bereits tot.

Wie leicht oder schwer ist Ihnen diese Entscheidung gefallen?

eher leicht	0	+1	+2	+3	+4	+5	+6	eher schwer

Geben Sie bitte mit kurzen Sätzen oder Stichworten die Gründe für Ihre Meinung wieder:

____

____

____

____

____

Bastians coole Idee

Bastian hat Probleme. Er studiert Informatik im achten Semester. Er hat alle Scheine gemacht, muss aber noch seine Prüfungen und seine Abschlussarbeit machen. Aber Bastian fehlt die Zeit, sich auf seine Prüfungen vorzubereiten. Er jobbt bereits neben dem Studium, weil er es sich selbst verdienen muss. Gerade jetzt fällt viel Arbeit an und er kommt kaum zum Studieren. Andere Arbeit, die ihn weniger belasten würde und von der er leben könnte, kann er keine finden. Da hat er eine coole Idee. Sein Freund Daoude, der Schwierigkeiten mit Deutsch hat, fragt ob er bereit wäre, seine Abschlussarbeit durchzulesen. Daoude kommt aus Ghana. Er hat dort seine Familie und eine gute Position in einem Ministerium. Er studiert hier nur, um einen Uni-Abschluss zu bekommen, weil das für seine weitere Karriere in Ghana wichtig ist. Informatik macht ihm Spaß, aber zuhause kann er damit wenig anfangen. Beim Lesen von Daoudes Arbeit stößt Bastian auf eine heiße Sache. Daoude beschreibt ein Programm, das vermutlich eine Menge Geld bringt. Er erzählt dem Besitzer einer kleinen Softwarefirma, davon so, als habe er das Programm entwickelt. Der ist sofort sehr interessiert. Er bietet Bastian an, ihn als gleichrangigen Partner in seine Firma aufzunehmen, wenn er der Firma das Programm überlässt. Bastian überlegt. So wie es jetzt läuft, wird es mit seinem Studium sowieso nichts mehr. Also nimmt er das Angebot an und sagt nicht, von wem das Programm stammt.

Wie leicht oder schwer ist Ihnen diese Entscheidung gefallen?

eher leicht 0 +1 +2 +3 +4 +5 +6 eher schwer

Geben Sie bitte mit kurzen Sätzen oder Stichworten die Gründe für Ihre Meinung wieder:

____

____

____

____

____

DNA nach Wunsch

Heinz und Charlotte Steinkamp (er ist 42, sie 41) haben mit ihrer Speditionsfirma geschäftlich großen Erfolg. Ganz glücklich sind sie aber nicht. Sie leiden unter ihrer Kleinwüchsigkeit (beide sind nur etwa 1,40 m groß) und darunter, dass sie immer noch keine Kinder haben. Wegen der Kinderlosigkeit suchen sie ein Zentrum für extra-uterinäre Befruchtung auf, von dem sie gute Erfolge hörten. Nach eingehenden Untersuchungen wird ihr Fall aussichtsreich beurteilt. Während der Behandlung erklärt ihnen der leitende Arzt, dass sein Team eine Möglichkeit gefunden hätte, die DNA der Eizelle so zu verändern, dass man das Kind auf jede gewünschte Körpergröße später ›programmieren‹ könne. Zwar sei die gesetzliche Grundlage für einen solchen Eingriff noch nicht vorhanden, aber wenn beide Partner als Besitzer der Eizelle und als spätere Eltern die Verantwortung übernehmen und eine entsprechende Erklärung unterschreiben würden, könnte man das in ihrem Fall machen. Sie würden dadurch auch der Wissenschaft helfen. Beide willigen ein und der Arzt führt die DNA-Änderung durch.

Wie leicht oder schwer ist Ihnen diese Entscheidung gefallen?

eher leicht 0 +1 +2 +3 +4 +5 +6 eher schwer

Geben Sie bitte mit kurzen Sätzen oder Stichworten die Gründe für Ihre Meinung wieder:

____

____

____

____

____

Richter Steinbergs Entscheidung

Der Geheimdienst eines Landes in Europa hat Beweise, dass eine terroristische Organisation einen Sprengstoffanschlag für den nächsten Tag plant. Dabei sollen viele hundert Menschen ums Leben kommen. Die Terror-Organisation ist wegen ihrer Brutalität und Kompromisslosigkeit gefürchtet. Dem Geheimdienst gelingt es, eine Frau festzunehmen, die als eine Anführerin in dieser Organisation gilt. Man weiß, dass diese Frau an der Vorbereitung des geplanten Attentats beteiligt war. Man könnte das Attentat verhindern, wenn sie sagen würde, was sie weiß. Die Frau wird lange verhört. Aber sie verweigert jede Aussage. Man muss befürchten, dass das Attentat jederzeit stattfindet. Deshalb beantragt der Geheimdienst, die Gefangene zu foltern, damit sie endlich sagt, was geplant ist. In dem Land ist Folter verboten. Der zuständige Richter, Herr Steinberg, entscheidet aber trotzdem, dass die Terroristin gefoltert werden darf, um das Attentat zu verhindern und Menschenleben zu retten.

Wie leicht oder schwer ist Ihnen diese Entscheidung gefallen?

eher leicht	0	+1	+2	+3	+4	+5	+6	eher schwer

Geben Sie bitte mit kurzen Sätzen oder Stichworten die Gründe für Ihre Meinung wieder:

____

____

____

____

____

Embryonenspenderin Lara

Lara ist 16 und wohnt in einem armen, südamerikanischen Land. Sie hat keine Ausbildung und findet nirgends eine Anstellung. Die Aussichten sind gering, je eine zu bekommen, da es bereits viele Arbeitslose gibt. Auch ihre Eltern sind ohne Arbeit und ihre jüngeren Geschwister gehen noch zur Schule. Eines Tages kommt eine Ärztin in ihren Ort. Sie sagt, sie arbeite für einen großen Pharmakonzern. Der würde viele Embryonen benötigen für neue gentechnische Heilungsmethoden. Junge Frauen könnten viel Geld verdienen, wenn sie sich für fünf Jahre lang verpflichten würden, sich einmal pro Jahr künstlich befruchten zu lassen und den Embryo der Firma zu geben. Das Geld, das Lara angeboten wurde, würde genügen, sich und ihre Familie zu ernähren und dazu noch eine Ausbildung als Lehrerin zu machen. Lara plagen Zweifel. Sie ist streng katholisch erzogen worden und eine Abtreibung würde ihr schwerfallen. Noch viel schwerer aber fällt ihr der Gedanke, ihren Embryo zu verkaufen und das jedes Jahr wieder zu tun. Aber sie weiß nicht mehr, wovon sie in Zukunft leben soll. Daher beschließt sie, den Vertrag zu unterschreiben, den ihr die Ärztin angeboten hat.

Wie leicht oder schwer ist Ihnen diese Entscheidung gefallen?

eher leicht 0 +1 +2 +3 +4 +5 +6 eher schwer

Geben Sie bitte mit kurzen Sätzen oder Stichworten die Gründe für Ihre Meinung wieder:

____

____

____

____

____

Dr. Pauls Organentnahme

Gleich am Beginn ihrer Zeit als Assistenzärztin in der Hautklinik eines Universitätskrankenhauses geriet Dr. Paul in eine schwierige Situation. Als praktizierende Katholikin hatte sie religiöse Bedenken gegen die Störung der Totenruhe, die mit einer Organtransplantation verbunden ist. Aber sie hatte akzeptiert, dass zur Rettung von Verunglückten mit sehr schweren Verbrennungen Transplantationen notwendig sind. Sie wusste auch, dass ohne die Zustimmung des Verstorbenen oder seiner Verwandten die Entnahme von Organen ungesetzlich ist. Schon in der zweiten Woche ihrer Arbeit passierte es. Ihr Chef kam in ihr Zimmer gestürmt und ordnete an, dass sie sofort in die Leichenhalle gehen und – ohne viel Aufsehen zu machen – von einem gerade Verstorbenen Haut entnehmen solle. Er sagte, dass ein Verletzter mit Verbrennungen dritten Grades am ganzen Körper eingeliefert worden und in einer Stunde eine Notoperation angesetzt sei, dafür aber nicht genügend Hauttransplantate vorhanden seien. Er sagte auch, sie solle mit niemanden darüber sprechen, da keine Einwilligung vorliege. Zuerst wusste Dr. Paul nicht, was sie tun sollte. Aber dann ging sie und besorgte die Haut des Toten.

Wie leicht oder schwer ist Ihnen diese Entscheidung gefallen?

eher leicht 0 +1 +2 +3 +4 +5 +6 eher schwer

Geben Sie bitte mit kurzen Sätzen oder Stichworten die Gründe für Ihre Meinung wieder:

____

____

____

____

____

Ergänzungen und Änderungen zur zweiten Auflage

Als ich den Text für die erste Auflage dieses kleinen Lehrerhandbuchs verfasste, konnte ich nicht ahnen, dass es eine zweite (durchgesehene und erweiterte) Auflage geben würde und dass das Buch eine so große Resonanz haben würde, was mir noch erstaunlicher erscheint. Die *Konstanzer Methode der Dilemma-Diskussion* (KMDD), die ich dort erstmals umfassend dargestellt hatte, hat sich inzwischen in vielen Anwendungsfeldern bewährt. In einigen wenigen Punkten musste sie aber ergänzt und verändert werden.
Die Nachfrage nach Ausbildungsangeboten zur KMDD ist mittlerweile so groß geworden, dass ein Lehrer-Ausbildungsprogramm für diese Methode her musste. Inzwischen ist dies weitgehend fertig gestellt und hat erste Absolventen. Die Grundlage dafür war durch meine regelmäßigen Workshop-Seminare gelegt worden, die ich seit vielen Jahren hier an der Universität Konstanz und bei internationalen Tagungen durchführe. Diese Workshops machen mit den theoretischen Grundlagen der KMDD vertraut und befähigen die Teilnehmer, die Dilemma-Diskussionen nach der Konstanzer Methode unter Anleitung durchzuführen. Sie reichen allein nicht aus, um die KMDD souverän und effektiv einsetzen zu können. Zusätzlich benötigt ein Lehrer noch weitere 50 bis 60 Stunden Ausbildung (oder Training). Einen nachhaltigen Lernprozess bei den Teilnehmern kann ein KMDD-Lehrer nur anstoßen, wenn er oder sie die Methode gut beherrscht und vor allem versteht, welche psychologischen Prozesse sich in den Köpfen der Teilnehmer (und zwischen ihnen) abspielen. Auf der ersten Stufe der Ausbildung (zum *Junior KMDD-Lehrer*) führt ein Workshop-Seminar in die Methode ein. Dieses wird als Blockseminar über fünf Tage oder verteilt über ein Semester angeboten und durchgeführt. Der zweite, größere Teil der Ausbildung (zum *Senior KMDD-Lehrer*) besteht überwiegend aus Aufgaben, die selbständig, in einem Lerntandem oder mit einer Lerngruppe zu bearbeiten sind. Interessenten für die zertifizierte Fortbildung zum KMDD-Lehrer können nähere Informationen unter dieser Adresse anfordern: info@democracy-education.net. Das Ausbildungsprogramm für zertifizierte *Lehrer-Trainer* ist in Vorbereitung.

Ich habe die Konstanzer Methode der Dilemma-Diskussion auf der Grundlage vor mehr als dreißig Jahren wissenschaftlicher Forschung und praktischer Anwendung in sehr unterschiedlichen Bildungsbereichen entwickelt und die KMDD selbst bei ganz unterschiedlichen Zielgruppen (vom Kindergarten bis zum Seniorenheim) und in verschiedenen Ländern und Kulturen erprobt. Dabei habe ich die ursprüngliche Methode, wie sie von Moshe Blatt und Lawrence Kohlberg (1975) entwickelt und eingesetzt wurde, ständig verbessert und in ihrer Wirksamkeit überprüft. Bereits die Blatt-Kohlberg-Methode zeigte eine erstaunlich hohe Effektivität (Lind, 2002). Sie war eine der wenigen Methoden, die bis dahin experimentell auf ihre Wirksamkeit hin überprüft waren. Aber sie schien mir noch verbesserungsfähig zu sein. Sie war nicht völlig in Übereinstimmung mit dem schon damals erreichten Stand der Forschung (siehe dazu BERKOWITZ, M.W. (1981). Kappan, March 1981, 488-489) und die mit ihr erreichte Wirksamkeit bei der Förderung moralisch-demokratischer Fähigkeiten ließ noch Raum für Steigerungen.

Ich wollte mit der Erprobung von Variationen der Methode klären, worauf es bei ihr genau ankommt. Welche ihrer Komponenten sind für die Wirksamkeit verantwortlich und welche lassen sich ohne Verlust an Wirksamkeit verändern? Dieses Wissen ist wichtig, wenn die Methode der Dilemma-Diskussion an die Bedürfnisse verschiedener Zielgruppen und Lernkontexte angepasst werden soll. Welche Dilemmas sollen beispielsweise für jüngere, welche für ältere Teilnehmer benutzt werden? Kann eine Dilemmastunde ohne Schaden gekürzt oder verlängert werden? Was kann weggelassen, was darf hinzugefügt werden?

Durch das Studium der Psychologie lernte ich viele neue Forschungsergebnisse kennen, die für die generelle Verbesserung der Unterrichtsqualität und besonders für die Dilemma-Methode selbst gute Ansatzpunkte zu bieten schienen, die aber in der Unterrichtspraxis wenig genutzt wurden. Dies gilt z. B. für das in der Psychologie seit langem bekannte YERKES-DODSEN-Gesetz, das die Grundlage für die Affektregulation bei der KMDD abgab. Gemäß dieses Gesetzes wird bei der KMDD versucht, durch wechselnde Phasen der Unterstützung und der Herausforderung ein optimales Erregungsniveau der Teilnehmer zu erreichen. Bei diesem Erregungsniveau sind die besten Lernergebnisse garantiert. Wir kennen heute die entsprechenden hirnphysiologischen Vorgänge im so genannten limbischen System recht genau (SPITZER, 2002; ROTH, 2006). Wir wissen, dass bewusste Denkprozesse, die sich vor allem in der Hirnrinde abspielen, und Affekte und Emotionen, denen Aktivitäten im *limbischen System* entsprechen, im Vorderhirnbereich koordiniert werden, vor allem im so genannten *dorsolateralen präfrontalen Cortex* (DLPFC), dem Hirnbereich im rechten Frontalhirn. (Beim Ausfall dieses Bereichs der Hirnrinde, so wurde beobachtet, klaffen Verhaltensintentionen und wirkliches Verhalten stark auseinander [ANDERSON et al., 1999]). An der Charité in Berlin haben KIRSTIN PREHN und ihre Kollegen (PREHN et al., 2008) mit dem von uns entwickelten Moralisches Urteil-Test (MUT) die moralisch-demokratische Fähigkeit von Versuchsteilnehmern gemessen und mit Hilfe moderner bildgebender Verfahren der Hirnforschung herausgefunden, dass diese Fähigkeit vor allem mit Aktivitäten in diesem Hirnbereich zusammenhängt.

Bahnbrechend war auch das Experiment des Psychologen LAWRENCE WALKER (1983), der zeigen konnte, dass die Auseinandersetzung mit Gegenargumenten ebenso wirksam sein kann wie die Konfrontation mit Argumenten auf einer KOHLBERG-Stufe über der eigenen (die so genannte ›plus-1-Konvention‹). Auf diese Konvention stützte sich die Methode von BLATT und KOHLBERG. Eigentlich, so sagte ich mir damals, müsste die Auseinandersetzung mit jeder Art von Argumenten zu einer Stimulation der moralischen Urteilsfähigkeit führen, so dass auf die aufwendige Konstruktion von plus-1-Argumenten verzichtet werden könnte. Wegen des enormen Aufwands, der mit ihrer Konstruktion verbunden war, wurde diese Konvention sowieso selten im Unterricht umgesetzt. Durch diese Änderung konnte auch die starke Präsenz der Lehrperson bei der BLATT-KOHLBERG-Methode reduziert und für die Eigenaktivitäten der Schüler bedeutend mehr Raum geschaffen werden. Damit war die Konstanzer Methode der Dilemma-Diskussion geboren.

Wichtige Anregungen für die vielfältigen Verbesserungen der KMDD in den letzten 20 Jahren und für die im Ausbildungsprogramm versammelten Aufgaben und Lektionen verdanke ich den Mitgliedern der Arbeitsgruppe *Moral- und Demokratiepsychologie* an der Universität Konstanz und den Teilnehmern an zahlreichen Seminaren und Workshops für angehende und erfahrene Lehrer und Lehrerinnen. Besonders gilt dies für die Teilnehmer an den intensiven einwöchigen Blockseminaren und Workshops an der Universität Konstanz und an anderen Orten im In- und Ausland.

Starke Entwicklungsschübe für die Methode brachten verschiedene schulische Erprobungs- und Lehrerfortbildungsprojekte: In den 1980er Jahren habe ich das Erprobungsprojekt *Demokratie und Erziehung in der Schule* (DES) in Nordrhein-Westfalen angeregt und mitgeleitet (LIND & RASCHERT, 1987); von den damaligen „Mitstreitern" PETER DOBBELSTEIN, FRITZ OSER, SYBILLE REINHARDT, HEINZ SCHIRP und HANS WERNER HENK habe ich dabei viele wertvolle Anregungen erhalten. Im Jahr 2003 führte ich im Auftrag der Kultusministerin des Distrikts von Santa Fe de Bogotá (Kolumbien), CECILIA MARIA VELEZ das ca. 100 Stunden umfassende Lehrerfortbildungsprojekt *Enseñanza moral y democrática* durch. Mehr als 70 Lehrerinnen und Lehrer nahmen daran teil und über 20 von ihnen haben am Ende das KMDD-Lehrer-Zertifikat erworben. Das Bildungsministerium von Kolumbien empfiehlt unsere Methode allen Lehrern des Landes zum Einsatz im Unterricht. Im Rahmen des Fortbildungsprojekts 'Bioethik' des Landes Baden-Württemberg führte ich ca. 30 Biologie-Lehrer in die KMDD ein. In Mexiko haben mich die *Universidad de Monterrey* (UdeM) und das *Instituto Tecnologico y Educacion Superior de Monterrey (Tec)* beauftragt, insgesamt 130 Ethik-Professoren in meine integrative Methode der moralisch-demokratischen Bildung einzuführen. Die Tec hat es mir auch ermöglicht, das Handbuch "Moral ist lehrbar" bei Trillas, Mexiko, auf Spanisch zu publizieren (LIND, 2007a). Die Medizinische Hochschule des Tec nahm im Jahr 2004 die KMDD in ihr Pflichtcurriculum auf und bietet seitdem für ihre Studenten jährliche KMDD-Veranstaltungen an. Die Bundeswehr erteilte mir den Auftrag, ihre Ausbilder (Offiziere, Truppenpsychologen und Militärgeistliche) zu KMDD-Lehrern fortzubilden (BERGMANN, 2007).

Gegenwärtig erproben DAYANA BONGERMINO, KAY HEMMERLING, MATTHIAS SCHARLIPP und ich die KMDD zusammen im Justizvollzug, in forensischen Einrichtungen und in Brennpunktschulen (siehe HEMMERLING et al., im Druck). Sie stößt bei den Insassen auf gute Resonanz. Die Gefängnisleitung hat meinen

Mitarbeitern angeboten, das Projekt auszuweiten. Professor EWA NOWAK von der Universität Poznań hat damit begonnen, die Konstanzer Methode als ein Ausbildungsfach an ihrer Universität zu etablieren. Wir haben dazu gemeinsame Tagungen und Seminare durchgeführt. HEIDI GEHRIG, die Initiatorin des Schulentwicklungsprojekts Prisma im Alleeschulhaus Wil, SG und vormalige Schulleiterin dieser Schule (www.primsa-wil.ch) kooperiert seit Jahren mit uns. Sie hat an ihrer Schule 2001 *Just Community* eingeführt und seit drei Jahren arbeiten sie und andere Lehrpersonen im Alleeschulhaus mit Dilemmadiskussionen. Ihre Schule hat im November 2006 den Pestalozzipreis gewonnen. Der Preis wird in der Schweiz alle zwei Jahre für ›Kinderfreundlicher Lebensraum‹ vergeben. Die Prisma-Schule erhielt den Preis vor allem für ihre Schulkultur und für das Anstreben einer ›Gerechten Schulgemeinschaft‹. Über weitere Projekte, sowie Meinungen und Medienberichte zur KMDD informiert: http://www.uni-konstanz.de/ag-moral/moral/ KMDD_rueckmeldung.htm

Aus diesen vielfältigen praktischen Arbeiten mit der KMDD haben sich nicht nur neue Anwendungsgebiete erschlossen, sondern auch die Methode selbst hat davon stark profitiert. Noch klarer als bisher haben wir zu verstehen gelernt, dass drei psychologische Prinzipien, die im Buch ausführlicher dargestellt werden, ausschlaggebend für die Wirksamkeit dieser Unterrichtsmethode sind:

- Erstens, das Prinzip der *Gleichwürdigkeit* (JUUL, 2005) aller am Lernprozess Beteiligten, das ist das Prinzip der demokratischen Lerngemeinschaft, welches in der kommunikativen Ethik von JÜRGEN HABERMAS (1983) und KARL-OTTO APEL (1990) angelegt ist und das LAWRENCE KOHLBERG und seine Kollegen ANN HIGGINS, CLARK POWER, FRITZ OSER und andere mit dem Konzept der demokratischen Schulgemeinschaft (*Just Community*-Schule; POWER et al., 1989; OSER & ALTHOF, 2001; OSER et al., 2008) auf der Ebene der Schulorganisation umzusetzen versuchten. Wir haben erkannt, dass dieses Prinzip nicht angemessen verstanden wird, wenn es auf die Teilhabe weniger Schüler an Willensbildungsprozessen der Schule oder politischer Körperschaften begrenzt wird, wie das bisher meist versucht wird. Ein ›stellvertretendes‹ Lernen von Demokratie kann es nicht geben; sie muss von jedem Individuum direkt erfahren und aktiv gelernt werden.

  Diese Einsicht ist nicht neu. Bereits der große Rechtsphilosoph GUSTAV RADBRUCH (1878-1949) merkte dazu in seinen Überlegungen zur „Erziehung Jugendlicher zum Rechtssinn“ an: „Bloße Schullehre freilich wird solchen Rechtsinn nicht übermitteln können. Er muss im Schulleben selbst sichtbar gemacht werden. (...) Der Lehrer braucht seine Schüler nur erleben zu lassen, was sie täglich und stündlich leben, ihnen nur bewusst machen, was sie unbewusst empfinden, nur mit ihnen folgerichtig durchzudenken, was sie elementar fühlen, um ihnen die Fragen des Rechts und der Gerechtigkeit zu lebendiger Anschauung zu bringen. Wie weit es möglich und erwünscht ist, diesen Arbeitsunterricht des Rechts und der Gerechtigkeit in organisatorische Formen zu bringen (...) [D]as zu erörtern ist nicht meines Amtes (...) sondern [der] kundigen Pädagogen" (RADBRUCH, 1987, S. 213).

Dem Prinzip der Gleichwürdigkeit und des Erlebbar-Machens von Demokratie und Moral kommen wir also einen großen Schritt näher, wenn es -- wie bei KOHLBERGS *Just Community*-Schule -- gelingt, Kinder an Entscheidungen über das Schulleben zu beteiligen. Aber auch dies genügt nicht. Es muss uns auch gelingen zu vermitteln, dass Demokratie als moralische Grundlage für das alltägliche Leben taugt, wie JOHN DEWEY (1964/1915) fordert: „Die Demokratie ist mehr als eine Regierungsform; sie ist in erster Linie eine Form des Zusammenlebens, der gemeinsamen und miteinander geteilten Erfahrung" (S. 121). Wer erfahren hat, dass sich auch gewaltfrei streiten lässt, dass auch heikle Themen offen angesprochen werden dürfen und andere einem zuhören; wer bemerkt, dass er es sogar fertig bringt, Gegnern aufmerksam zuzuhören und dass er dabei erlebt, wie er aus der Auseinandersetzung mit ihnen großen Gewinn für sein eigenes Denken und Handeln ziehen kann, ist ganz anders in der Demokratie verwurzelt, als jemand, der sie lediglich als abstrakten Begriff oder als Abstimmungsverfahren kennen gelernt hat (LIND, 2006b; 2006c; 2008a).

Teilnehmer versichern uns immer wieder wie wohltuend Dilemma-Diskussionen nach der KMDD-Methode sind und wie sie selbst gewillt sind, diese Methode als Modell für zukünftige Diskussionen über strittige Themen heranzuziehen. Um das Erleben von Gleichwürdigkeit wenigstens für die Zeitspanne einer Dilemma-Diskussion zu ermöglichen, haben wir das – aus der Sicht der Schüler – größte Risikopotential für eine demokratische Lerngemeinschaft, die Lehrperson, in ihrem Aufgabenkreis begrenzt. In der Plenumsdiskussion tritt sie nur noch als aufmerksamer Zuhörer und Wächter über die beiden Diskussionsregeln in Aktion (dazu mehr auf S. 77 ff.).

- Das zweite grundlegende Prinzip der KMDD bezeichnen wir als *konstruktivistisch*. Wir verstehen darunter zwei Dinge: Erstens die Einsicht, dass jedes Lernen ein Konstruieren ist. Das heißt, dass Menschen neues Wissen nie passiv aufnehmen und verinnerlichen, sondern dass Lernen ein aktiver Vorgang ist. Das bedeutet, dass wir das, was die Umwelt uns zum Lernen anbietet, immer auf der Grundlage der eigenen Interessen auswählen und immer nur auf der Grundlage des bisher Gelernten verstehen können. Dies gilt auch und gerade für moralisches Lernen. Wir müssen also davon ausgehen, dass Menschen unter ›Moral‹ und ›Demokratie‹ und anderen moralisch-demokratischen Konzepten nicht immer dasselbe verstehen, sondern dass sie je nach Entwicklungsstand und Erfahrungen voneinander abweichende Auffassungen haben. Zweitens erinnert uns das Wort ›konstruktivistisch‹ daran, dass Moral und Demokratie keine Dinge sind, die unabhängig vom Menschen draußen in der Natur existieren, sondern dass sie von uns – als einzelnem Menschen wie als Menschheit – konstruiert sind.

Wir sehen und erleben sie nur, weil wir diese moralischen Ideale im Kopf haben. Daher gibt es kein moralisches Dilemma an sich; vielmehr liegt es im Auge des Betrachters (LIND, 2006a). Das Verhalten, das wir beobachten, ist nicht für sich genommen moralisch oder unmoralisch, sondern es wird dazu durch unser Urteil. ›Konstruiert‹ heißt natürlich nicht willkürlich erfunden oder völlig ins Belieben eines jeden Einzelnen gestellt. Da Moral und Demokratie eine wichtige Grundlage für das vorausschauende Handeln und für das Zusammenleben mit anderen sind, müssen diese Konstruktionen, wie DEWEY sagt, durch gemeinsame Erfahrungen ›ko-konstruiert‹, das heißt zusammengeführt und aufeinander abgestimmt werden. Demokratie, so DEWEY, ist damit nicht nur das Ziel der demokratischen Erziehung, sondern auch deren Grundlage.
Wir haben daher in der Methode der KMDD eine Phase der ›Dilemmaklärung‹ eingeführt und diese zunehmend ausgeweitet, um den Lernenden Gelegenheit für ein gemeinsames Erleben von unterschiedlichen Moral- und Demokratie-›Konstruktionen‹ zu geben. Um keine vorzeitige Diskussion auszulösen, haben wir inzwischen die frühe Frage nach der Richtigkeit der Handlung auf dem Dilemma-Handout gestrichen (diese Frage wird jetzt zum ersten Mal bei der Abstimmung über das Dilemma gestellt). Auch hat es sich als sinnvoll erwiesen die Stillphase auf fünf bis sechs Minuten auszudehnen. Ich habe den Eindruck, dass dadurch auch die Qualität der nachfolgenden Diskussion sehr gewonnen hat.

- Das dritte KMDD-Prinzip ist das der *Affektregulation*, die zunächst von außen wirkt, indem sich in der KMDD Phasen der Herausforderung (und damit der Erregungssteigerung) mit Phasen der Unterstützung (Beruhigung) ständig abwechseln. Diese Phasen dauern jeweils zehn bis dreißig Minuten. Sie halten das Erregungsniveau der Teilnehmer auf einem mittleren, für Lernprozesse besonders günstigen Niveau. Wir wissen schon lange, dass Lernen nicht stattfindet, wenn der individuelle Erregungszustand zu niedrig ist, wie etwa im Schlaf oder bei großer Langeweile, und ebenso wenig, wenn er zu hoch ist, wie etwa bei starker Angst oder bei überschwänglicher Freude. Mit einem leichten Verlängern und Verkürzen dieser Phase gelingt es einem erfahrenen KMDD-Lehrer, den Erregungszustand einer ganzen Gruppe in einem optimalen ›Lernfenster‹ zu halten. In mehr als zwanzig Jahren habe ich es weder erlebt, dass während einer Dilemma-Diskussion jemand eingeschlafen wäre oder sich auch nur über längere Zeit innerlich von dem Geschehen abgewandt hätte, noch dass es zu einer Übererregung oder zu Aggressionen gekommen wäre. (Es ist aber nicht auszuschließen, dass unausgebildeten Lehrkräften so etwas passieren könnte. Daher ist es auch so wichtig, sich für diese Methode gründlich ausbilden zu lassen.) Der kompetente und verantwortungsvolle Umgang mit Affekten und Emotionen stellt hohe Anforderungen an das Können des Lehrers. Der geschickte Einsatz dieser Phasenwechsel ist daher ein sehr wichtiger Teil unseres

Ausbildungsprogramms für KMDD-Lehrer.
Der Einsatz des Lehrers wird gut belohnt. Ich bemerke immer wieder, wie die zunächst rein äußerliche Regulation der Affekte durch die Methode des Phasenwechsels bei vielen Teilnehmern zu einer Innensteuerung wird (LIND, 1989; 1998). „Wenn man im Streit etwas gelassener wird und den anderen auch ausreden lässt, dann ist das viel besser" sagte eine Schülerin am Ende einer KMDD-Stunde.

Die KMDD ist eine der wenigen Unterrichtsmethoden, die experimentell überprüft wurden und von der wir wissen (und nicht nur vermuten), dass sie sehr wirksam ist (LIND, 2002). In den vergangenen Jahren konnte die Wirksamkeit der KMDD weiter gesteigert werden. Auf der C-Skala, die von 0 bis 100 reicht, ist sie von anfänglich vier bis zehn C-Punkten mittlerweile auf 10 bis 17 Punkte pro Jahr gestiegen, wobei diese Schätzung eher konservativ ist. Schon mit einer einzigen Dilemma-Diskussion kann es manchmal gelingen, fünf und mehr C-Punkte Zuwachs zu bewirken, allerdings nur dann, wenn sie von einem gut ausgebildeten und erfahrenen Senior KMDD-Lehrer durchgeführt wird. Die hohe Effektivität der Konstanzer Methode wurde inzwischen in einem sorgfältig angelegten Interventions-Experiment mit Hochschulstudenten in Thailand bestätigt, bei der die Teilnehmer nach Zufall auf die Experimental- und die Kontrollgruppe aufgeteilt wurden (LERKIATBUNDIT et al., 2006). Diese Befunde sind umso bedeutsamer, da der MUT vergleichsweise stabile Werte liefert. LERKIATBUNDIT und Kollegen berichten von einer Reliabilität von über $r = 0.90$. Eine US-Studie demonstrierte experimentell, dass diese Stabilität nicht auf Kosten der Sensitivität dieses Instruments für Lernprozesse geht. Der Messwert des MUT, der C-Wert, zeigt diese Prozesse deutlicher als andere Tests der Moralentwicklung an (KIM, 2006; siehe auch LIND, 2002, S. 206-208).
Natürlich fördert auch Bildung generell die moralisch-demokratischen Fähigkeiten (REST & THOMA, 1985; LIND, 2002), wenn auch meist im geringeren Maße als dies mit Methoden wie der KMDD möglich ist. Neue Studien zeigen aber, dass nicht jede Art von Bildung förderlich ist, sondern nur qualitativ hochwertige Bildung dazu in der Lage ist. Ein guter Indikator für die Qualität von Bildung sind die Gelegenheiten zur Verantwortungsübernahme und angeleiteten Reflexion, die sie den Lernenden bietet (LIND, 2000a; 2000b; SCHILLINGER, 2006).
Seit der ersten Auflage dieses Handbuches haben sich neue Anwendungsgebiete für die KMDD ergeben. Neben Sekundarschule, Hochschule und Erwachsenenbildung, den bisherigen Haupteinsatzbereichen, sind weitere Bereiche, wie Grundschulen, Bundeswehr, Gefängnisse, psychiatrische Anstalten, Brennpunktschulen und Seniorenheime getreten. Wie ZIERER (2006) zeigt, haben schon Grundschüler Spaß an der Diskussion moralischer Dilemmas und weisen deutliche Zuwächse an moralischer Urteilsfähigkeit auf. Ich habe inzwischen auch selbst Dilemma-Diskussionen in Grundschulen durchgeführt, eine sogar

schon zum Ende der zweiten Klasse, ohne dass das Format der KMDD prinzipiell verändert werden musste. Eine dieser Dilemma-Diskussionen von Grundschülern wurde vom Bayrischen Fernsehen dokumentiert und ausschnittweise gesendet. Über eine andere berichtete der DEUTSCHLANDFUNK (2008).

Durch die Ausweitung der praktischen Anwendung der KMDD sowie durch zahlreiche Einladungen zu Beiträgen auf Tagungen und in thematisch einschlägigen Sammelpublikationen ergaben sich vielfältige Fragen zu den psychologischen Grundlagen der KMDD, zur ›Zwei-Aspekte Theorie des moralischen Verhaltens‹ und zur ›Bildungstheorie der Moralentwicklung‹. Die dadurch ausgelöste Forschung hat uns ein gutes Stück vorangebracht, was wiederum Auswirkungen auf die KMDD gehabt hat. Die Unterscheidung von zwei Aspekten des Moralverhaltens, nämlich von moralischen Orientierungen (affektiver Aspekt) auf der einen und von moralisch-demokratischen Fähigkeiten (kognitiver Aspekt) auf der anderen Seite, war von Anfang an eine Grundlage der KMDD. Wir haben erkannt, dass die Frage, ob Menschen gut oder böse sind, falsch gestellt ist. Denn bezüglich des einen Aspekts - ihrer Ideale - sind (fast) alle Menschen gut, bezüglich des anderen Aspekts - ihrer Fähigkeit, diese Ideale auch unter schwierigen Umständen in die Tat umzusetzen - versagen sie oft (LIND, 2006d; 2008a). Moralische und demokratische Ideale können leicht proklamiert und akzeptiert werden. Aber wenn es darauf ankommt, sie im Alltag anzuwenden, wenn z. B. unklar ist, worin eine gerechte Lösung oder wahre Achtung besteht, oder wenn wir uns in einer Zwickmühle befinden, in der jede Lösung das Übertreten eines uns wichtigen Ideals bedeutet, dann ist sehr schwer, gut zu sein. Man muss erst lernen, die eigenen Ideale auch unter schwierigen Umständen zu praktizieren und moralische Dilemmas so zu lösen, dass sie von allen Beteiligten als gerecht akzeptiert werden können. Bei diesem schwierigen Lernprozess können und müssen wir Kindern und oft auch Erwachsenen helfen, am effektivsten, wie wir gesehen haben, durch die Auseinandersetzung mit ›edukativen‹ Moraldilemmas, wie wir sie bei der KMDD einsetzen.

Der Konstruktion und dem Einsatz solcher edukativen Moraldilemmas schenken wir inzwischen noch größere Aufmerksamkeit. Auf keinen Fall sollte, wie ich das früher vorgeschlagen habe, das verwendete Dilemma in den Augen der Teilnehmer dadurch abgewertet werden, dass es vom Lehrer noch während der Sitzung abgeändert wird, um ein ›besseres‹ Abstimmungsergebnis zu erhalten. Auch wenn die verwendeten Dilemmas bei der KMDD immer fiktiv sind, ist es wichtig, dass die Teilnehmer von dem Dilemma so gefesselt sind, als würden sie es selbst direkt miterleben. Das Gefühl ernsthafter Ergriffenheit stellt sich kaum ein, wenn das Dilemma – sozusagen vor den Augen der Teilnehmer – vom KMDD-Lehrer umkonstruiert wird. Der Lehrer oder die Lehrerin sollten für den Fall von Einstimmigkeit oder annähernder Einstimmigkeit mit dem weiteren Lernprogramm fortfahren und bei einer neuen Gelegenheit ein geändertes Dilemma einsetzen. Wenn der Lehrer versteht, wie wichtig die Authentizität der Gefühle ist, damit die Dilemmadiskussion eine fördernde Wirkung haben kann, wird er keine Enttäuschung verspüren, wenn eine Dilemmastunde über die erste Abstimmung nicht hinauskommt.

Die zweite wichtige Änderung, die wir seit Erscheinen der ersten Auflage vorgenommen haben, betrifft die Phase der Dilemmaklärung. Sie wurde ausgeweitet und, wie schon erwähnt, von der Entscheidungsfrage entlastet, die früher bereits mit der Präsentation des Dilemmas an die Teilnehmer gestellt wurde. In der aktuellen KMDD wird das Dilemma zunächst *ohne* die Frage nach der Richtigkeit oder Falschheit der vom Protagonisten getroffenen Entscheidung präsentiert. Es wird nur danach gefragt, als wie schwer man das Dilemma empfindet und worin das Dilemma liegt. Zudem werden die Teilnehmer gefragt, was dem Protagonisten ihrer Meinung nach vor seiner Entscheidung durch den Kopf gegangen sein könnte. Gewöhnlich nennen die Teilnehmer in dieser Phase eine Fülle von Dingen, die ihnen selbst für die Entscheidung relevant sind oder hätten relevant sein können. Manche, die zunächst in der dargebotenen Geschichte gar kein Dilemma sahen, entdecken erst in dieser Phase eines oder gar mehrere moralische Konflikte.

Die KMDD soll und darf nicht erstarren. Schließlich haben wir selbst sie durch Ergänzungen und Änderungen lernwirksamer und vielseitiger einsetzbar gemacht. Jedoch darf sie bei allen Anpassungen an neue Anwendungen ihre Ziele nicht aus den Augen verlieren und nichts an Qualität einbüßen. Wir haben die KMDD deshalb beständig der (selbstgesteuerten) experimentellen Methoden-Evaluation unterworfen und die Selbstevaluation zum integralen Bestandteil der KMDD-Ausbildung gemacht. Da es bislang – außer dem KOHLBERG-Interview – keinen objektiven Test zur Messung der moralischen Urteilsfähigkeit gab (fast alle anderen Fragebogen und Tests erfassen nur moralische Orientierungen), habe ich schon vor 30 Jahren den bereits erwähnten Moralisches Urteil-Test (MUT) entwickelt, der seither weltweit in der Grundlagenforschung und in Wirksamkeitsstudien eingesetzt wird. Näheres zum MUT finden Sie bei LIND (2008b) und auf der KMDD-Webseite http://democracy-education.net.

Das Wichtigste an der KMDD ist aber der Lehrer, der sie anwendet, und der KMDD-Trainer, der Lehrer in dieser Methode ausbildet. Lehrer bestätigen mir immer wieder, dass die Teilnehmer (Schüler, Studierende, Patienten, Inhaftierte usw.) viel Spaß an Dilemma-Diskussionen haben und dass die Konstanzer Methode jene ›entspannte Wachheit‹ erzeugt, die Schüler zum Lernen motiviert (siehe die Beiträge in HERRMANN, 2006). Sie fügen meist hinzu, dass solche Stunden sie selbst als Lehrer für den Unterricht motivieren. Dabei bestätigen sie mir auch, dass sie solche Erfolge nur haben, nachdem sie sich sehr intensiv mit der KMDD und ihren theoretischen Grundlagen auseinandergesetzt haben, wichtige Phasen der Dilemma-Diskussion sorgfältig eingeübt und sich auf jede Dilemmastunde ausreichend vorbereitet haben. Der schwierigste Teil sei es aber, Moral und Demokratie im Unterricht erfahrbar zu machen. Dafür muss die Lehrperson selbst versuchen, sich an die moralischen Ideale zu halten, die sie von ihren Schülern einfordert. Das KMDD-Ausbildungsprogramm, das wir entwickelt haben, soll KMDD-Lehrerinnen und -lehrern helfen, diese Herausforderung zu meistern.

Es gibt viele Menschen, von deren Rat und tätiger Mithilfe ich beim Verfassen dieses Buches profitiert habe, so dass ich sie hier nicht alle nennen kann. Ich sage allen einfach: Danke! Einigen Personen schulde ich jedoch besonderen Dank: Ohne die Ermutigung durch meinen Kollegen Professor WILHELM PETERSSEN wäre dieses Buch vermutlich nie entstanden. Meine langjährige Mitarbeiterin PATRICIA KNOOP hat sich - wie schon bei der ersten Auflage - um die Korrekturen der orthographischen und inhaltlichen Fehler gekümmert und mir durch kritische Rückfragen wertvolle Anregungen gegeben; sie ist auch bei dieser zweiten Auflage wieder mitbeteiligt. Schließlich danke ich KAY HEMMERLING, EWA NOWAK und MATTHIAS SCHARLIPP, die wertvolle Anregungen und Hinweise gegeben haben.

Konstanz, September 2008 Georg Lind

Literatur für die Ergänzungen und Änderungen

Alle hier nicht aufgeführten Titel finden sich im Literaturverzeichnis des Buches.

ANDERSON, S. W.; BECHERA, A.; DAMASIO, H.; TRANEL, D. & DAMASIO, A. R. (1999). Impairment of social and moral behavior related to early damage in human prefrontal cortex. Nature Neuroscience, 2(11), 1032-1037.

BERGMANN, R. (2007). Konstanzer Methode der Dilemmadiskussion - ein neuer Ansatz. In: Kompass. Herausgegeben vom Katholischen Militärbischof für die Deutsche Bundeswehr, Ausgabe 05/07, 8 - 11.

DEUTSCHLANDFUNK (2008). Reportage und Interviews von Solveig Grahl über „Moralisches Denken". Podcast: http://ondemand-mp3.dradio.de/file/dradio/2008/07/17/ dlf_20080717_1925_bebd8a90.mp3).

HEMMERLING, K.; SCHARLIPP, M. & LIND, G. (im Druck). Die Konstanzer Methode der Dilemma-Diskussion für die Bildungsarbeit mit Risikogruppen. In: K. MAYER & H. SCHILDKNECHT (Hrsg.), Handbuch Dissozialität, Delinquenz und Kriminalität -- Grundlagen und Methoden der professionellen Arbeit mit Menschen mit abweichendem Verhalten. Zürich: Zürcher Hochschule für Angewandte Wissenschaften.

HERRMANN, U. (Hrsg.) (2005). Neurodidaktik. Grundlagen und Vorschläge für gehirngerechtes Lehren und Lernen. Weinheim: Beltz.

JUUL, J. (2005). Aus Erziehung wird Beziehung. Authentische Eltern - kompetente Kinder. Freiburg: Herder.

KIM, S. (2006). A comparative study on measurement instruments for moral judgment: selecting an appropriate instrument. Paper presented at the meeting of the AERA, San Francisco, 10. April 2006.

LERKIATBUNDIT, S.; UTAIPAN, P.; LAOHAWIRIYANON, C. & TEO, A. (2006). Randomized controlled study of the impact of the Konstanz method of dilemma discussion on moral judgement. Journal of Allied Health, 35(2), 101-108.

LIND, G. (1989). Die Entwicklung moralischer Gefühle durch Vernunft und Dialog. In: G. LIND & G. POLLITT-GERLACH (Hrsg.), Moral in ‚unmoralischer' Zeit. Zu einer partnerschaftlichen Ethik in Erziehung und Gesellschaft. Heidelberg: Asanger, 7-32.

LIND, G. (2000a). The importance of role-taking opportunities for self-sustaining moral development. Journal of Research in Education, 10 (1), 9-15.

LIND, G. (2000b). Moral regression in medical students and their learning environment. Revista Brasileira de Educacao Médica, 24(3), 24-33.

LIND, G. (2006a). Das Dilemma liegt im Auge des Betrachters. Zur Behandlung bio-ethischer Fragen im Biologie-Unterricht mit der Konstanzer Methode der Dilemmadiskussion. Praxis der Naturwissenschaften. Biologie in der Schule, Januar, 1/55, 10-16.

LIND, G. (2006b). Perspektive „Moralisches und demokratisches Lernen". In: A. FRITZ, R. KLUPSCH-SAHLMANN & G. RICKEN (Hrsg.), Handbuch Kindheit und Schule. Neue Kindheit, neues Lernen, neuer Unterricht. Weinheim: Beltz, 296-309.

LIND, G. (2006c). Teilhabe an der Argumentationsgemeinschaft als Ziel der Bildung: Die Konstanzer Methode der Dilemmadiskussion. In: E. GRUNDLER & R. VOGT (Hrsg.), Argumentieren in Schule und Hochschule. Interdisziplinäre Studien. Tübingen: Stauffenburg, 167-175.

LIND, G. (2006d). Die Kluft zwischen Ideal und Verhalten. Zur Konstanzer Methode der Dilemmadiskussion. In: Zur sache.bw. Evangelische Kommentare zu Fragen der Zeit, 2006/10, 36-41.

LIND, G. (2007a). La moral puede enseñarse. Manual teórico-práctico de la formación moral y democrática. México: trillas.

LIND, G. (2007b). Gewissen lernen? Zur Konstanzer Methode der Dilemmadiskussion. In: A. A. BUCHER (Hrsg.), Moral, Religion, Politik: Psychologisch-pädagogische Zugänge. Festschrift für Fritz Oser. Berlin: LIT Verlag, 101-112.

LIND, G. (2008a). Teaching students to speak up and to listen to others: Cultivating moral democratic competencies. In: D.E. LUND & P.R. CARR (Hrsg.), Doing democracy and social justice in education: Political literacy for all students. New York: Peter Lang Publishing, 185-220.

LIND, G. (2008b). The meaning and measurement of moral judgment competence revisited - A dual-aspect model. In: D. FASKO & W. WILLIS (Hrsg.), Contemporary Philosophical and Psychological Perspectives on Moral Development and Education. Cresskill. NJ: Hampton Press 185-220.

LIND, G. & RASCHERT, J. (Hrsg.) (1987). Moralische Urteilsfähigkeit - Eine Auseinandersetzung mit Lawrence Kohlberg über Moral, Erziehung und Demokratie. Weinheim: Beltz.

OSER, F.; ALTHOF, W. & HIGGINS-D'ALESSANDRO, A. (2008). The Just Community approach to moral education: system change or individual change? Journal for Moral Education, 37(3), 395-415.

PREHN, K.; WARTENBURGER, I.; MÉRIAU, K.; SCHEIBE, C.; GOODENOUGH, O. R.; VILLRINGER, A.; VAN DER MEER, E. & HEEKEREN, H. R. (2008). Influence of individual differences in moral judgment competence on neural correlates of socio-normative judgments. Social Cognitive and Affective Neuroscience, 3(1), 33-46.

RADBRUCH, G. (1987). Rechtsphilosophie Gesamtausgabe, Band 13. Hrsg. von A. KAUFMANN. Heidelberg: C. F. Müller.

ROTH, G. (2006). Warum sind Lehren und Lernen so schwierig? In: U. HERRMANN (Hrsg.), Neurodidaktik. Weinheim: Beltz 49-58.

SCHILLINGER, M. (2006). Learning environment and moral development: How university education fosters moral judgment competence in Brazil and two German-speaking countries. Aachen: Shaker Verlag.

SPITZER, M. (2002). Lernen. Gehirnforschung und die Schule des Lebens. Heidelberg: Spektrum.

WALKER, L. J. (1983). Sources of cognitive conflict for stage transition in moral development. Developmental Psychology, 19, 103-110.

ZIERER, K. (2006). Können Kinder Moral lernen? Eine Evaluationsstudie zur Moralerziehung in der Grundschule. Baltmannsweiler: Schneider Verlag Hohengehren.

Literatur

Liste der Veröffentlichungen von Georg Lind:
http://www.uni-konstanz.de/ag-moral/b-publik.htm.

Weitere Literaturhinweise und Texte:
http://www.uni-konstanz.de/ag-moral/

APEL, K.-O. (1990). Diskurs und Verantwortung. Das Problem des Übergangs zur postkonventionellen Moral. Frankfurt: Suhrkamp (Original 1988).

ARBEITSKREIS ›QUALITÄT VON SCHULE‹. Heft 7: Erziehung und Demokratie in der Schule - Konzepte und Erfahrungen zum Ansatz von Kohlberg und Oser. Wiesbaden: Hessisches Institut für Bildungsplanung und Schulentwicklung.

AUFENANGER, S.; GARZ, D. & ZUTAVERN, M. (1981). Erziehung zur Gerechtigkeit. München: Kösel.

BERKOWITZ, M. W. (1981). A critical appraisal of the ›plus-one‹ convention in moral education. Phi Delta Kappan, March, 488–489.

BERTRAM, H. (1979). Moralerziehung - Erziehung zur Kooperation. Zur Bedeutung moralischer Entwicklung für Bildungsprozesse. Zeitschrift für Pädagogik, 25, 529–546.

BLATT, M. & KOHLBERG, L. (1975). The effect of classroom moral discussion upon children's level of moral judgment. Journal of Moral Education, 4, 129–161.

BLOOM, B. S.; ENGELHART, M. D.; HILL, W. H.; FURST, E. J. & KRATHWOHL, D.R. (1956). Taxonomy of educational objectives. Handbook I: Cognitive domain. New York: McKay.

BOHNSACK, F. (1976). Erziehung zur Demokratie. John Deweys Pädagogik und ihre Bedeutung für die Reform unserer Schule. Ravensburg: Otto Maier.

BOVET, G. & HUWENDIEK, V. (Hrsg.) (1994). Leitfaden Schulpraxis. Berlin: Cornelsen.

BREZINKA, W. (1988). Competence as an aim of education. In: B. SPIEKER & R. STRAUGHTON (Hrsg.), Philosophical issues in moral education and development, S. 75-98. Philadelphia.

CODDING, J. & ARENELLA, A. (1981). Creating a ›Just Community‹. The transformation of an alternative school. Moral Education Forum, Winter 1981.

COLBY, A.; KOHLBERG, L. und Mitarbeiter (1987). The measurement of moral judgment, vol. I & II. New York: Cambridge University Press.

DARWIN, Ch. (1874/1966). Die Abstammung des Menschen. (Originaltitel: The Descent of Man. 2. Aufl., 1874). Stuttgart: Kröner Verlag.

DEVRIES, R. & ZAN, B. (1994). Moral classrooms, moral children. Creating a constructivist atmosphere in early education. New York: Teacher College Press.

Dewey, J. (1964). Demokratie und Erziehung. Eine Einleitung in die philosophische Pädagogik. Braunschweig: Georg Westermann Verlag (Original 1915).

Döbert, R. (1986). Wider die Vernachlässigung des ›Inhalts‹ in den Moraltheorien von Kohlberg und Habermas. In: W. Edelstein & G. Nunner-Winkler (Hrsg.), Zur Bestimmung der Moral. Frankfurt: Suhrkamp, S. 86–125.

Döbert, R. & Nunner-Winkler, G. (1975). Adoleszenzkrise und Identitätsbildung. Frankfurt: Suhrkamp.

Durkheim, E. (1984). Erziehung, Moral und Gesellschaft. Frankfurt: Suhrkamp (Original 1902).

Eckensberger, L. (1983). Research on moral development in Germany. The German Journal of Psychology, 7, 195–244.

Edelstein, W. (1986). Moralische Intervention in der Schule. Skeptische Überlegungen. In: F. Oser; R. Fatke & O. Höffe (Hrsg.), Transformation und Entwicklung. Frankfurt: Suhrkamp, S. 327–349.

Edelstein, W. & Nunner-Winkler, G. (1986). Zur Bestimmung der Moral. Frankfurt: Suhrkamp.

Edelstein, W. & Fauser, P. (2001). Demokratie lernen und leben. Heft 96, Materialien zur Bildungsplanung und zur Forschungförderung. Bonn: Bund-Länderkommission.

Ehman, L. H. (1980). The American school in the political socialization process. Review of Educational Research, 50, 99–119.

Emler, N.; Renwick, S. & Malone, B. (1983). The relationship between moral reasoning and political orientation. Journal of Personality and Social Psychology, 45, 1073–1080.

Emler, N.; Palmer-Canton, E. & James, St. (1998). Politics, moral reasoning and the Defining Issues Test: A reply to Barnett et al., 1995. British Journal of Social Psychology, 37, 457–476.

Fauser, P. & Muszynski, H. (Hrsg.) (1988). Lebensbezug als Schulkonzept. Weinheim: Juventa.

Fend, H. (1971). Konformität und Selbstbestimmung. Weinheim: Beltz.

Flanders, A. N. (1970). Analyzing teaching behavior. Reading, MA: Addison-Wesley.

Foerster, F. W. (1953). Schule und Charakter. Moralpädagogische Probleme des Schullebens (15. Auflage) (Original 1920). Recklinghausen: Paulus Verlag.

Garz, D. (1980). Zum neuesten Stand von Kohlbergs Ansatz der moralischen Sozialisation. Zeitschrift für Pädagogik, 26, 47–54.

Gibbs, J. C.; Basinger, K. S. & Fuller, R. (1992). Moral Maturity. Measuring the Development of Sociomoral Reflection. Hillsdale, NJ: Erlbaum.

Gidion, J.; Rumpf, H. & Schweitzer, F. (Hrsg.) (1987). Gestalten der Sprache. Weinheim: Beltz.

Gilbert, S. (1997). How to Handle Teens: Blieprint for Parents. International Harald Tribune, 11.9.1997.

Gilgenmann, K. (1984). Zur Diskussion über Werte, Wertwandel, Moralerziehung und Stufen der Moralentwicklung. In: A. Regenbogen (Hrsg.), Moral und Politik - soziales Bewusstsein als Lernprozess. Köln: Pahl-Rugenstein, S. 10–26.

Goleman, D. (2000). Emotionale Intelligenz. München: Deutscher Taschenbuch-Verlag.

Haan, N.; et al. (1968). Moral reasoning of young adults. Political-social behaviour, family background, and personality correlates. Journal of Personality and Social Psychology, 10, 183–201.

Habermas, J. (1976). Zur Rekonstruktion des historischen Materialismus. Frankfurt: Suhrkamp.

Habermas, J. (1981). Theorie des kommunikativen Handelns. Frankfurt: Suhrkamp.

Habermas, J. (1983). Moralbewusstsein und kommunikatives Handeln. Frankfurt: Suhrkamp.

Habermas, J. (1996). Kants Idee des ewigen Friedens - aus dem historischen Abstand von 200 Jahren. In: J. Habermas, Die Einbeziehung des Anderen. Frankfurt: Suhrkamp, S. 192–236.

Hagemann, W.; Heidbrink, H. & Schneider, M. (1982). Kognition und Moralität in politischen Lernprozessen. Paderborn: Leske.

Hartshorne, H. & May, M. A. (1928). Studies in the nature of character. Vol. I: Studies in deceit, Book one and two. New York: Macmillan.

Heidbrink, H. (1983). Moralische Urteilskompetenz und politisches Lernen. In: G. Lind; H. A. Hartmann & R. Wakenhut (Hrsg.), Moralisches Urteilen und soziale Umwelt. Weinheim: Beltz, S. 237–248.

Heidbrink, H. (1996). Einführung in die Moralpsychologie. Weinheim: Verlagsunion.

Higgins, A. (1980). Research and measurement issues in moral education interventions. In: R. Mosher (Hrsg.), Moral education. A first generation of research and development. New York: Praeger, S. 92–107.

Higgins, A. (1987). Förderung der moralischen Urteilsfähigkeit in der Schule? Zur schulpraktischen Erprobung des ›Just Community‹-Ansatzes in den USA. In: G. Lind & J. Raschert (Hrsg.), Moralische Urteilsfähigkeit. Eine Auseinandersetzung mit Lawrence Kohlberg über Moral, Erziehung und Demokratie. Weinheim: Beltz, S. 54–72.

Higgins, A. (1995). Educating for justice and community. Lawrence Kohlberg's vision of moral education. In: W. M. Kurtines & J. L. Gewirtz (Hrsg.), Moral development. An introduction. Boston: Allyn & Bacon, S. 49–81.

Higgins, A.; Power, C. & Kohlberg, L. (1984). The relationship of moral atmosphere to judgments of responsibility. In: W. M. Kurtines & J. L. Gewirth (Hrsg.), Morality, moral behavior and moral development. New York: Wiley, S. 74–106.

KANT, I. (1785). Grundlegung der Metaphysik der Sitten. Akademie-Textausgabe. Bd. IV. Neudruck. Berlin.

KEASEY, C. B. (1973). Experimentally induced changes in moral opinions and reasoning. Journal of Personality and Social Psychology, 26, 30–38.

KOHLBERG, L. (1958). The development of modes of moral thinking and choice in the years 10 to 16. University of Chicago, Unpublished Dissertation.

KOHLBERG, L. (1964). Development of moral character and moral ideology. In: M. L. HOFFMAN & L. W. HOFFMAN (Hrsg.), Review of Child Development Research, Vol. I. New York: Russel Sage Foundation, S. 381–431.

KOHLBERG, L. (1981). The philosophy of moral development. Vol. 1, Essays on moral development. San Francisco: Harper & Row.

KOHLBERG, L. (1984). The psychology of moral development. Vol. 2, Essays on moral development. San Francisco: Harper & Row.

KOHLBERG, L. (1984). Essays on moral development, Vol. 2, The psychology of moral development. San Francisco, CA: Harper & Row.

KOHLBERG, L. (1987). Moralische Entwicklung und demokratische Erziehung. In: G. LIND & J. RASCHERT (Hrsg.), Moralische Urteilsfähigkeit. Eine Auseinandersetzung mit Lawrence Kohlberg über Moral, Erziehung und Demokratie. Weinheim: Beltz.

KOHLBERG, L. (1995). Die Psychologie der Moralentwicklung. Frankfurt: Suhrkamp.

KOHLBERG, L. & TURIEL, E. (1978). Moralische Entwicklung und Moralerziehung. In: G. PORTELE (Hrsg.), Sozialisation und Moral. Weinheim: Beltz, S. 13–80.

KOHLBERG, L.; WASSERMAN, E. & RICHARDSON, N. (1978). Die Gerechte Schul-Kooperative. Ihre Theorie und das Experiment der Cambridge Cluster School. In: G. PORTELE (Hrsg.), Sozialisation und Moral. Weinheim: Beltz, S. 215–259.

KOHLBERG, L.; BOYD, D. & LEVINE, Ch. (1986). Die Wiederkehr der sechsten Stufe. Gerechtigkeit, Wohlwollen und der Standpunkt der Moral. In: W. EDELSTEIN & G. NUNNER-WINKLER (Hrsg.), Zur Bestimmung der Moral. Frankfurt: Suhrkamp, S. 205–240.

KRATHWOHL, D. R.; BLOOM, B. S. & MASIA, B. B. (1964). Taxonomy of educational objectives. Handbook II: Affective domain. New York: McKay.

KUHN, D.; LANGER, J.; KOHLBERG, L. & HAAN, N. (1977). The development of formal operations in logical and moral judgments. Genetic Psychological Monographs, 95, 97–188.

LANDESINSTITUT FÜR SCHULE UND WEITERBILDUNG, LSW (1991). Schule und Werteerziehung. Ein Werkstattbericht. (Zu beziehen durch: LSW, Postfach 1754, D-59494 Soest.)

LEMING, J. S. (1981). Curricular effectiveness in moral values education. A review of research. Journal of Moral Education 10, 147–164.

LEMPERT, W. (1982). Moralische Urteilsfähigkeit. Ebenen und Stufen, Anwendungsbereiche und Anwendungsbedingungen, Entwicklungspfade und Entwicklungskontexte. Zeitschrift für Sozialisationsforschung und Erziehungssoziologie, 2, 113–126.

LESCHINSKY, A. (1987). Warnung vor neuen Enttäuschungen – strukturelle Hindernisse für eine Schule der Gerechten Gemeinschaft. Die Deutsche Schule, 79, 28–43.

LEVY-SUHL, M. (1912). Die Prüfung der sittlichen Reife jugendlicher Angeklagter und die Reformvorschläge zum § 56 des deutschen Strafgesetzbuches. Zeitschrift für Psychotherapie, 232–254.

LIGHTFOOT, S. L. (1983). The good high school. Portraits of character and culture. New York: Basic Books.

LIND, G. (1978). Wie mißt man moralisches Urteil? Probleme und alternative Möglichkeiten der Messung eines komplexen Konstrukts. In: G. PORTELE (Hrsg.), Sozialisation und Moral. Weinheim: Beltz, S. 171–201.

LIND, G. (1985 a). Inhalt und Struktur des moralischen Urteilens. Dissertation, Universität Konstanz. (Online beziehbar über das KOPS der Universitätsbibliothek).

LIND, G. (1985 b). The theory of moral cognitive development. A socio-psychological assessment. In: G. LIND, H. A. HARTMANN & R. WAKENHUT (Hrsg.), Moral development and social environment. Studies in the psychology and philosophy of moral judgment and education. Chicago: Precedent, S. 21–53.

LIND, G. (1986). Parallelität von Affekt und Kognition in der moralischen Entwicklung. In: F. OSER, W. ALTHOF & D. GARZ (Hrsg.), Moralische Zugänge zum Menschen – Zugänge zum moralischen Menschen. München: Kindt, 158–179.

LIND, G. (1987 a). Moral competence and education in democratic society. In: G. ZECHA & P. WEINGARTNER (Hrsg.), Conscience. An interdisciplinary view. Dordrecht: Reidel.

LIND, G. (1987 b). Kohlberg auf dem Prüfstand – Ein fiktives Gespräch über Schule, Demokratie und kognitiv-moralische Entwicklung. In: G. LIND & J. RASCHERT (Hrsg.), Moralische Urteilsfähigkeit. Eine Auseinandersetzung mit Lawrence Kohlberg über Moral, Erziehung und Demokratie. Weinheim: Beltz, S. 93–111.

LIND, G. (1994). Jugendliche Gewalt – Fakten und Fiktionen. Politisches Lernen, Oktober 1994, 26–37.

LIND, G. (1997). How moral is helping behavior? Paper presented at the Annual Meeting of the American Educational Research Association. Chicago, IL, March 1997.

LIND, G. (1998). Gewalt und Krieg als niedrigste Stufe der Konfliktbewältigung. In: W. KEMPF & I. SCHMIDT-REGENER (Hrsg.), Krieg, Nationalismus, Rassismus und die Medien. Münster: LIT-Verlag, S. 273–282.

LIND, G. (2000). Are helpers always moral? Empirical findings from a longitudinal study of medical students in Germany. In: A. L. COMUNIAN & U. GIELEN (Hrsg.), International perspectives on human development. Lengerich: Papst Science Publishers, S. 463–477.

LIND, G. (2002). Ist Moral lehrbar? Ergebnisse der modernen moralpsychologischen Forschung. Berlin: Logos-Verlag; 2., korrigierte Auflage (http://www.logos-verlag.de).

LIND, G. (2008). The meaning and measurement of moral judgment competence - A dual-aspect model. In: D. FASKO & W. WILLIS (Hrsg.), Contemporary Philosophical and Psychological Perspectives on Moral Development and Education. Cresskill, N. J.: Hampton Press.

LIND, G. & ALTHOF, W. (1992). Does the Just Community program make a difference? Measuring and evaluating the effect of the DES project. Moral Education Forum, 17, 19–28.

LIND, G. & WAKENHUT, R. (1985). Testing for moral judgment competence. In: G. LIND, H. A. HARTMANN & R. WAKENHUT (Hrsg.), Moral development and the social environment. Studies in the psychology and philosophy of moral judgment and education. Chicago: Precedent Publishing Inc., S. 79–105.

LIND, G. & LINK, L. (1985). Moralisch-kognitive Entwicklung durch pädagogisches Handeln? Eine Meta-Analyse von Interventionsstudien auf der Grundlage der Kohlberg-Theorie. Universität Konstanz.

LIND, G. & RASCHERT, J. (1987). Moralische Urteilsfähigkeit. Eine Auseinandersetzung mit Lawrence Kohlberg über Moral, Erziehung und Demokratie. Weinheim: Beltz (mit Beiträgen von L. KOHLBERG; A. HIGGINS; G. NUNNER-WINKLER; F. OSER und G. LIND).

LIND, G. & SCHUMACHER, K. (1998). Mehr Praxisbezug im Studium? Auswertung einer Befragung von LehrerInnen und Lehramtsstudierenden in der Region Konstanz. Manuskript, Universität Konstanz, Fachgruppe Erziehungswissenschaft.

LINK, L. & LIND, G. (1988). Verantwortlichkeit und soziales Verhalten in der Schule. Universität Konstanz.

LIPSEY, M. W. & WILSON, D. B. (1993). The efficacy of psychological, educational and behavioral treatment. Confirmation from meta-analysis. American Psychologist, 48, 1181–1209.

LOCKWOOD, A. (1978). The effects of value clarification and moral development curricula on school-age subjects. A critical review of recent research. Review of Educational Research 48, 325–364.

MANSBART, F.-J. (2001). Motivationaler Einfluss der moralischen Urteilsfähigkeit auf die Bildung von Vorsätzen. Universität Konstanz, unveröffentlichte Diplomarbeit im Fach Psychologie.

MAUERMANN, L. (1988), Ethische Grundlagen aktueller angloamerikanischer Erziehungskonzepte. In: C. GÜNTER; L. KERSTIENS; L. MAUERMANN; F. PÖGGELER & H.-J. WERNER (Hrsg.), Ethik und Erziehung. Stuttgart: Kohlhammer, S. 141–170.

MCNAMEE, S. (1977). Moral behavior, moral development and motivation. Journal of Moral Education, 7(1), 27-31.

NUCCI, L. (1995). Moral development and character formation. In: H. J. WALBERG & G. D. HAERTEL (Hrsg.), Educational psychology. Effective practice and politics. Berkeley, CA: McCutchan.

OSER, F. (1986). Moral education and values education. The discourse perspective. In: M. C. WITTWOCK (Hrsg.), Handbook of research on teaching. New York: Macmillan, S. 917-941.

OSER, F. (1981 a). Moralisches Urteil in Gruppen, soziales Handeln, Verteilungsgerechtigkeit. Stufen der interaktiven Entwicklung und ihre erzieherische Stimulation. Frankfurt: Suhrkamp.

OSER, F. (1981 b). Moralische Erziehung als Intervention. Unterrichtswissenschaften, 9, 207-224.

OSER, F. & SCHLÄFLI, A. (1985). The thin line phenomenon. Helping bank trainees form a social and moral identity in their work place. In: G. LIND; H. A. HARTMANN & R. WAKENHUT (Hrsg.), Moral development and the social environment. Studies in the psychology and philosophy of moral judgment and education. Chicago: Precedent Publishing Inc., S. 155-172.

OSER, F. & ALTHOF, W. (1992). Moralische Selbstbestimmung. Modelle der Entwicklung und Erziehung im Wertebereich. Stuttgart: Klett-Cotta.

OSER, F. & Althof, W. (2001). Die Gerechte Schulgemeinschaft: Lernen durch Gestaltung des Schulleben. In: W. EDELSTEIN et al. (Hrsg.), Entwicklungspsychologie und pädagogische Praxis. Weinheim: Beltz Verlag.

PÄDAGOGISCHES ZENTRUM RHEINLAND-PFALZ (1996). Wertevermittlung in der Schule, Texte zur Theorie und Praxis der Moralerziehung, Bd. 1. Bad Kreuznach Verlag: Pädagogisches Zentrum. (Zu beziehen vom PZ, Europaplatz, Bad Kreuznach).

PENN, W. (1990). Teaching ethics - A direct approach. Journal of Moral Education, 19(2), 124-138.

PHILLIPS, L. (1967). The competence criterion for mental health programs. In: P. E. COOK (Hrsg.), Community psychology and mental health. San Francisco: Holden Day, S. 229-235.

PIAGET, J. (1973). Das moralische Urteil beim Kinde. Frankfurt: Suhrkamp (Original 1932).

PIAGET, J. (1976). The affective unconscious and the cognitive unconscious. In: B. INHELDER & H. H. CHIPMAN (Hrsg.), Piaget and his school. New York: Springer, S. 63-71.

PIAGET, J. (1981). Intelligenz and affectivity: Their relation during child development. Palo Alto, CA Annual Reviews (Original 1954).

PORTELE, G. (Hrsg.) (1978). Sozialisation und Moral. Weinheim: Beltz.
POWER, C. (1986). Demokratische und moralische Erziehung in einer großen öffentlichen High School. In: F. OSER; R. FATKE & O. HÖFFE (Hrsg.), Transformation und Entwicklung. Frankfurt: Suhrkamp, S. 297–324.
POWER, F. C.; HIGGINS, C. & KOHLBERG, L. (1989). Lawrence Kohlberg's approach to moral education. New York: Columbia University Press.
REGENBOGEN, A. (1984). Moral und Politik - soziales Bewusstsein als Lernprozess. Köln: Pahl-Rugenstein.
REINHARDT, S. (1980). Moralisches Urteil im politischen Unterricht. Gegenwartskunde 29 (4), 449–460.
REINHARDT, S. (1984). Förderung der Urteilsfähigkeit - am Beispiel ›Todesstrafe‹. Vorschlag für ein Instrument zur selbständigen Klärung und Diskussion von Werten durch die Schüler der Oberstufe. Gegenwartskunde 33, 433–443.
REINHARDT, S. (1999). Werte-Bildung und politische Bildung. Zur Reflexität von Lernprozessen. Opladen: Leske + Budrich.
REST, J. R. (1979). Development in judging moral issues. Minneapolis: University of Minnesota Press.
REST, J. R. (1984). The major components of morality. In: W. M. KURTINES & J. L. GEWIRTZ (Hrsg.), Morality, moral behavior, and moral development. New York: Wiley, S. 24–38.
REST, J. R. (1986). Moral development. Advances in research and theory. New York: Praeger.
REST, J. R. & THOMA, S. J. (1985). Relation of moral development to formal education. Developmental Psychology 21, 709–714.
REST, J. R. & NARVÁEZ, D. (1991). The college experience and moral development. In: W. M. KURTINES & J. L. GEWIRTZ (Hrsg.), Handbook of moral behavior and development. Vol. 2: Research. Hillsdale, NJ: Erlbaum, S. 229–245.
REST, J. R.; NARVÁEZ, D.; BEBEAU, M. J. & THOMA, S. J. (1999). Postconventional moral thinking. A Neo-Kohlbergian approach. Mahwah, NJ: Erlbaum.
ROTH, H. (1971). Pädagogische Anthropologie. Hannover: Schroedel.
RUMPF, H. (1969). Umrisse einer sich selbst reformierenden Schule. Die Deutsche Schule, 60, 1–11.
SCHARF, P. (1977). Moral development and democratic schooling. Theory into Practice, 16, 89–96.
SCHLÄFLI, A.; REST, J. R. & THOMA, S. J. (1986). Does moral education improve moral judgment? A meta-analysis of intervention studies using the Defining Issues Test. Review of Educational Research, 55, 319–352.
SCHREINER, G. (1987). Schule als ›moral democracy‹? Zu neueren amerikanischen Versuchen, in Schulen Demokratische Gemeinschaften einzurichten. Die Deutsche Schule, 79, 13–27.

SCHREINER, G. (1982). Julia und der Dealer. Erfahrungen aus einem Versuch mit Schülern über ein lebensnahes moralisches Problem zu diskutieren. Die Deutsche Schule, 74, 128–140.
SCHWIER, H. (1987). Einleitende Bemerkungen zu Schule und Erziehung des Kultusministers von Nordrhein-Westfalen. In: G. LIND & J. RASCHERT (Hrsg.), Moralische Urteilsfähigkeit. Eine Auseinandersetzung mit Lawrence Kohlberg über Moral, Erziehung und Demokratie. Weinheim: Beltz.
SENGER, R. (1985). Segmentation of soldiers' moral judgment. In: G. LIND, H. A. HARTMANN & R. WAKENHUT (Hrsg.), Moral development and the social environment. Studies in the psychology and philosophy of moral judgment and education. Chicago: Precedent Publishing Inc., S. 221–242.
SIMMEL, G. (1892/1989). Einleitung in die Moralwissenschaft. Frankfurt: Suhrkamp (Original 1892).
SNAREY, J. (1985). The cross-cultural universality of socio-moral development. A critical review of Kohlbergian Research. Psychological Bulletin, 97, 202–232.
SPIESS, W. (1988). Aufnahme pädagogischen Wissens in der Kultusverwaltung. Neue Sammlung, 378–386.
SPRINTHALL, N. A.; SPRINTHALL, R. C. & OJA, S. N. (1994). Educational Psychology. A Developmental Approach. 6. Ed. New York: McGraw-Hill.
TOCQUEVILLE, A. DE (1976). Demokratie in Amerika. München: Deutscher Taschenbuch-Verlag. (Original 1835).
TURIEL, E. (2002). The culture of morality. Social development, context and conflict. New York: Cambridge University Press.
UHL, S. (1996). Die Mittel der Moralerziehung und ihre Wirksamkeit. Bad Heilbrunn: Klinkhardt.
VYGOTSKIJ, L. S. (2002). Denken und Sprache. Psychologische Untersuchungen. Weinheim: Beltz (Original 1937).
WALKER, L. J. (1986). Cognitive processes in moral development. In: G. L. SAPP (Hrsg.), Handbook of moral development. Birmingham, AL: Religious Education Press, S. 109–145.
WASEL, W. (1994). Simulation moralischer Urteilsfähigkeit. Moralentwicklung. Eine kognitiv-strukturelle Veränderung oder ein affektives Phänomen? Universität Konstanz, unveröffentlichte Diplomarbeit.
WATSON, J. B. (1970). Behaviorism. New York: Norton (Original 1924).